Meiner Frau danke ich für ihre Geduld, ihr Verständnis und die uneingeschränkte Unterstützung.

INDOOR-GÄRTEN

Gartenprojekte spielend leicht von zu Hause aus mit nachhaltigen hydroponischen Indoor-Gärten umsetzen

Vincent Growspact

© 2021 Vincent Growspact
1. Auflage
Lektorat: Melanie Kocer

ISBN Softcover: 978-3-347-48172-5
ISBN Hardcover: 978-3-347-48173-2
ISBN E-Book: 978-3-347-48174-9

Druck und Distribution im Auftrag des Autors:
tredition GmbH, Halenreie 40-44, 22359 Hamburg, Germany

Das Werk, einschließlich seiner Teile, ist urheberrechtlich geschützt. Für die Inhalte ist der Autor verantwortlich. Jede Verwertung ist ohne seine Zustimmung unzulässig. Die Publikation und Verbreitung erfolgen im Auftrag des Autors, zu erreichen unter: tredition GmbH, Abteilung "Impressumservice", Halenreie 40-44, 22359 Hamburg, Deutschland.

Aus Vereinfachungsgründen und zur besseren Lesbarkeit wird in diesem Buch nicht an jeder Stelle begrifflich die Genderkonformität eingehalten. Dennoch bekennt sich der Autor ausdrücklich zu der geschlechterbezogenen Gleichstellung der Rollenbilder im Berufs- und Alltagsleben.

Weitere Informationen zum Thema Indoor-Garten und nützliche Blogbeiträge finden Sie unter www.growspact.de.

INHALTSVERZEICHNIS

Vorwort 1
1. Kapitel: Indoor-Gärten 3
   1.1 Was versteht man unter einem Indoor-Garten? 3
   1.2 Für wen eignen sich Indoor-Gärten? 4
   1.3 Vorteile und Nachteile von Indoor-Gärten 8
2. Kapitel: Arten von Indoor-Gärten 11
   2.1 Unterschiede zwischen Indoor-Gärten und Smart-Gärten 11
   2.2 Hydroponische Indoor-Gärten 14
   2.3 Vertikale Indoor-Gärten 16
   2.4 Fertige Box Indoor-Gärten 18
3. Kapitel: Aufbau eines hydroponischen Indoor-Gartens 21
   3.1 Welche Materialien werden benötigt? 21
   3.2 Schritt - für - Schritt - Aufbau eines Indoor-Gartens 24
   3.3 Die Wahl des richtigen Substrats 27
4. Kapitel: Belichtung eines Indoor-Gartens 29
   4.1 Warum ist ausreichend viel Licht wichtig? 29
   4.2 Vollspektrum-LEDs 32
   4.3 Hellphasen und Dunkelphasen 32
5. Kapitel: Wartung eines Indoor-Gartens 35
   5.1 Warum muss ein hydroponischer Indoor-Garten gewartet werden? 35
   5.2 Kontrolle der pH-Werte und EC-Werte 38
   5.3 Andere Wartungsarbeiten 39
6. Kapitel: Blumenkübel - die modernen Mini-Hochbeete 41
   6.1 Welche Materialien werden benötigt? 41
   6.2 Schritt - für - Schritt - Aufbau eines Mini-Hochbeets 43
   6.3 Wartung eines Mini-Hochbeets 44

7. Kapitel: Pflanzen für einen Indoor-Garten 47
  7.1 Microgreens 47
  7.2 Kräuter 49
  7.3 Salate 51
  7.4 Gemüse 54

8. Nachhaltigkeit 59
  8.1 Fehlende Nachhaltigkeit bei Indoor-Gewächshäusern 59
  8.2 Die Bedeutung von Jahreszeiten für Indoor-Gärten 63
  8.3 Wie betreibt man einen Indoor-Garten möglichst nachhaltig? 64

Schlusswort 69
Über den Autor 73

Vorwort

Indoor-Garten ist nicht gleich Indoor-Garten. Was vor zehntausenden Jahren als Landwirtschaft zum reinen Lebenserhalt begann, hat sich heutzutage zu einem Hobby und einer Faszination entwickelt. Smart-Gärten, vertikale Gärten, fertige Box-Gärten und hydroponische Gärten - dies sind nur einige Arten von Indoor-Gärten, die viele Menschen ihr Eigen nennen.

Nachhaltigkeit, Veganismus und einen kleinen CO_2-Fußabdruck zu haben, liegt heute voll im Trend. Viele Menschen bauen sich Indoor-Gärten jedoch nicht nur auf, um nachhaltig zu leben, sondern auch um besser zu leben. Frisches Gemüse und frische Kräuter direkt im eigenen Haus sähen und ernten zu können, ist für viele ein Luxus, den sie nicht länger missen möchten.

Indoor-Gärten sind über die letzten Jahre beliebter geworden. Dies liegt besonders daran, weil immer mehr Menschen weniger Fleisch essen und sich für eine größtenteils pflanzliche Ernährung entscheiden. Nicht nur Veganer und Vegetarier können jedoch von Indoor-Gärten profitieren. Indoor-Gärten eignen sich auch für Eltern, die sich eine gesunde Ernährung für ihre Kinder wünschen sowie jede Person, die weniger verarbeitete Lebensmittel und mehr natürliche Lebensmittel zu sich nehmen möchte.

Natürlich verursacht ein Indoor-Garten jedoch auch einiges an Arbeit. Genau deshalb ist es wichtig, einen Indoor-Garten mit Bedacht zu bauen. Vieles kann man falsch machen und wenn nur eine Komponente fehlt oder übersehen wird, könnte die gesamte Ernte verenden.

Viele Menschen glauben, dass sie sich nicht um einen Indoor-Garten kümmern können, weil sie keine Zeit haben. Noch mehr Menschen glauben zudem, dass sie einfach keinen Platz haben für einen Indoor-Garten. In den meisten Fällen stimmt beides nicht. Wer wenig Platz hat, kann sich für vertikale Gärten entscheiden und wer keine Zeit hat, kann auf Smart Gärten setzen. Wo ein Wille ist, da ist auch ein Weg. Indoor-Gärten sind flexibel und können individuell angepasst werden.

In diesem Buch lernst du, wie du deinen ersten eigenen Indoor-Garten aufbaust. Wir werden gemeinsam alle Komponenten eingehend besprechen und uns mit den Vor- und Nachteilen von unterschiedlichen Indoor-Gärten beschäftigen. Nachdem du dieses Buch gelesen hast, wirst du mehr über die Technik hinter Indoor- und Smart-Gärten wissen. Dazu gehört beispielsweise die Belichtung, das Substrat, die Bewässerung des Gartens und vieles mehr. Du wirst zudem mehrere Arten von Indoor-Gärten kennengelernt haben und wirst für dich selbst entscheiden können, welche Art des Indoor-Gartens zu dir passt.

Im Zentrum dieses Buches soll auch der Begriff der Nachhaltigkeit stehen. Viele Indoor-Gärten verursachen nämlich beim Aufbau und der Pflege eine überschaubare Menge an Abfall. Diesen zu minimieren und den Indoor-Garten umweltschonend aufzubauen, wird ein Hauptaugenmerk in diesem Buch sein.

Im besten Fall nutzt du dieses Buch wie eine Anleitung für den Aufbau deines ersten Indoor-Gartens. Alle Kapitel in diesem Buch sind praxisorientiert und sollen dir dabei helfen, sobald wie möglich von der Theorie in die Umsetzung zu kommen.

Ich wünsche dir nun viel Freude beim Lesen dieses Buches.

1. Kapitel: Indoor-Gärten

Photo by Eduardo Casajús Gorostiaga on Unsplash

1.1 Was versteht man unter einem Indoor-Garten?

Als Indoor-Garten bezeichnet man einen Ort, an dem Kräuter, Salate und Gemüse innerhalb eines Hauses angepflanzt werden können. Kurz gesagt: Ein Indoor-Garten ist ein Garten im Haus. Nicht alle Indoor-Gärten sind jedoch gleich. Es gibt viele unterschiedliche Arten von Indoor-Gärten, die sich völlig vom klassischen Garten unterscheiden. Beispielsweise gibt es hydroponische Gärten, die ohne Erde, sondern lediglich mit einem Substrat auskommen. Es gibt Gärten, die nicht horizontal, sondern vertikal bepflanzt werden. Und es gibt Gärten, die vollkommen ohne Sonnenlicht, sondern alleine mit LED-Lichtern auskommen. Indoor-Garten ist also nicht gleich Indoor-Garten.

Indoor-Gärten müssen gepflegt werden. Wichtige Komponenten sind dabei die Belichtung, die Versorgung mit Nährstoffen, das Entfernen abgestorbener Triebe sowie das Wässern des Nährbodens. Die Arbeit erfordert neben Fachwissen auch einiges an Zeit. Es gibt heutzutage zwar sogenannte Smart-Gärten, die automatisiert belichtet und bewässert werden können, ganz ohne eigene Initiative funktioniert jedoch kein Indoor-Garten.

Viele Leute kaufen und bepflanzen Indoor-Gärten als Hobby. Indoor-Gärten werden auch als „Indoor Farms" bezeichnet. Der englische Begriff „Indoor Gardening" wird oftmals im selben Zusammenhang genannt. Während „Indoor Farming" das Anpflanzen von nicht essbaren Blumen und anderen Gewächsen beschreiben kann, wird der Begriff „Indoor Gardening" oftmals verwendet, um auszusagen, dass man in den eigenen vier Wänden essbare Pflanzen wie Salate, Kräuter oder Gemüse anpflanzt.

Der Begriff Indoor-Garten wurde zwar erst in den letzten Jahrzehnten immer populärer, das Konzept des Indoor-Gartens ist jedoch schon tausende Jahre alt. Bereits vor mehr als dreitausend Jahren pflanzten im alten China viele Menschen ihr Gemüse im Haus an. Auch die hängenden Gärten von Babylon sind ein gutes Beispiel für antike Indoor-Gärten. Selbst im alten Ägypten, im antiken Griechenland und bei den Römern wurden Indoor-Gärten geschätzt und viel verwendet. Indoor-Gärten sind daher kein wirklich neuer Trend, sondern eher eine Tradition, die in den Großstadtdschungeln des 21. Jahrhunderts wieder auflebt.

1.2 Für wen eignen sich Indoor-Gärten?

Indoor-Gärten sind nicht für jeden geeignet. Wer nicht regelmäßig nach seinen Pflanzen schauen kann und kein Interesse daran hat, sich auch mal die Hände schmutzig zu machen, sollte sich keinen Indoor-

Garten kaufen. Wer sich jedoch gesund ernähren möchte, nachhaltig leben will und Freude daran hat, den Lebenszyklus einer Pflanze mit zu beobachten und ihr zu helfen zu wachsen, für den sind Indoor-Gärten genau das Richtige.

Einen Faktor, den viele Menschen vollkommen überschätzen, ist die Zeit. Die meisten glauben, dass es viel Zeit kostet, einen Indoor-Garten aufzubauen und zu pflegen. Dies stimmt, wenn man sich für einen arbeitsintensiven Indoor-Garten entscheidet. Wer sich mit dem Thema Indoor-Gärten ein wenig tiefgreifender beschäftigt, wird schnell feststellen, dass es Indoor-Gärten auch in weniger zeitintensiv und pflegeleichterer Form gibt. Zu wenig Zeit zu haben ist daher keine Ausrede, warum man sich gegen einen Indoor-Garten entscheiden sollte.

Was viele vergessen ist, dass man Zeit mit seinem Garten verbringen will. Für viele Hobbygärtner ist nämlich das Pflegen und die Aufzucht von Pflanzen etwas Wohltuendes. Diese Menschen freuen sich darauf, nach der Arbeit nach Hause zu kommen und sich ihren Indoor-Garten anzuschauen.

Indoor-Gärten sind vor allen Dingen für Menschen, die gesünder leben möchten. Die meisten von uns unterschätzen nämlich, wie wichtig es ist, sich gesund und ausgewogen zu ernähren. Wer frisch kocht und gerne Salat, Gemüse oder Kräuter zu sich nimmt, wird feststellen, dass er diese durch den Indoor-Garten nun sehr viel häufiger essen wird als normalerweise. Auch die Menschen, die sonst nicht genug Gemüse oder Salat essen, werden merken, dass sie durch den Indoor-Garten praktisch dazu gezwungen werden, gesünder zu leben. Wer nämlich einmal eine Pflanze hat wachsen sehen, möchte diese nicht verdorren lassen und wegschmeißen. Es tut vielen in der Seele weh, frisches Gemüse nicht selbst zu konsumieren und es lieber in den Müll zu werfen.

Indoor-Gärten sind geeignet für jede Person, die geschmacklich bessere Lebensmittel möchte. Viele Produkte, die man im Supermarkt sieht, werden nämlich unreif geerntet oder sind bereits wieder am verwelken. Dies gilt besonders für die Leute, die gerne Koriander und Kräuter, essbare Blumen oder bestimmte Gemüsesorten wie beispielsweise Tomaten essen. Sonnengereifte Tomaten schmecken nämlich einfach besser als die aus einem Gewächshaus. Zudem verkaufen viele Supermärkte gar nicht die Gemüse- oder Salatsorten, die man gerne auf seinem Teller hätte. Alte Tomatensorten, besondere Kräuter oder exotische Salatsorten finden sich in kaum einem Supermarkt. Wer diese dennoch essen möchte, muss sie teuer aus einem Biomarkt einkaufen oder sie selbst in einem Indoor-Garten anpflanzen.

Ob Student oder Auszubildender, ob berufstätig oder bereits in Rente, jeder kann einen Indoor-Garten aufbauen und pflegen. Die einzige Ausnahme bilden Berufstätige, die viel auf Geschäftsreisen und selten in der Woche zu Hause sind. Viele Indoor-Gärten benötigen regelmäßige Pflege. Wird diese nicht garantiert, sterben die Pflanzen.

Zwei Fähigkeiten, die man haben sollte, wenn man einen Indoor-Garten aufbaut, sind Disziplin und Weitsicht. Viele, die einen Indoor-Garten aufbauen, verzweifeln, weil sie nicht die Ergebnisse erhalten, die sie sich vorstellen. Es kann nämlich sein, dass man anfangs die falschen Substrate kauft, die falschen LED-Lampen einbaut, zu selten wässert oder überdüngt. Wer sich diesen Herausforderungen nicht stellen möchte, sollte keinen Indoor-Garten anlegen. Denn gerade am Anfang geht oftmals etwas schief. Manchmal entziehen sich diese Faktoren der eigenen Kontrolle und manchmal eben auch nicht. Analytisch zu denken, nicht aufzugeben, Weitsicht zu haben und bereit zu sein, von vorne zu starten, sind hilfreiche Fähigkeiten.

Neben der Weitsicht und der Fähigkeit mit Rückschlägen umgehen zu können, spielt Disziplin eine große Rolle. Ein Indoor-Garten, selbst ein Smart-Garten, bepflanzt und pflegt sich nicht von alleine. Man sollte seine Pflanzen wie Kinder behandeln. Sie brauchen Aufmerksamkeit und müssen immer ausreichend versorgt werden. Es ist nicht sinnvoll, sich dieser Verantwortung zu entziehen und die Pflanzen für mehrere Tage oder sogar Wochen nicht zu gießen, sie nicht zu pflegen oder sie einfach nicht zu ernten. Einen Indoor-Garten aufzubauen, ist eine befriedigende Aufgabe, für die man sich willentlich entscheiden muss. Das A und O ist es daher, die Entscheidung zu treffen, diesen tatsächlich aufbauen zu wollen. Ein Indoor-Garten sollte nicht als eine Belastung, sondern als etwas Schönes und als Bereicherung angesehen werden.

Indoor-Gärten lohnen sich also vor allen Dingen für gesundheitsbewusste Menschen, die sich vegan oder vegetarisch ernähren, die gerne nachhaltiger leben wollen oder einfach eine hohe Qualität der eigenen Lebensmittel schätzen. Ob wenig oder viel Zeit, für jeden gibt es ein passendes Indoor-Garten-Modell. Es spielt zudem kaum eine Rolle, wie groß das eigene Budget oder die eigene Wohnung ist. Mit ein bisschen Kreativität und Scharfsinn schafft es jeder, einen voll funktionsfähigen Indoor-Garten aufzubauen. Selbst der potenzielle Aufwand, dem man sich stellt, sollte nicht überschätzt werden. Am besten ist es, wenn man einfach startet und sich selbst vom Konzept des Indoor-Gartens überzeugt. Erst wenn man nämlich selbst Erfahrungen mit einem Indoor-Garten gemacht hat, kann man wirklich nachvollziehen, ob oder inwieweit man diesen weiterhin pflegen möchte.

1.3 Vorteile und Nachteile von Indoor-Gärten

© Macrovector - Shutterstock.com

Einen Indoor-Garten aufzubauen hat nicht nur Vorteile. Im Folgenden wollen wir uns daher mit einigen Vor- und Nachteilen diesbezüglich beschäftigen.

Ein großer Vorteil ist, dass man durch Indoor-Gärten nachhaltiger leben kann und weniger Müll produziert. Wer beispielsweise Gemüse im Supermarkt kauft, bezahlt nicht nur für das Gemüse, sondern sorgt auch dafür, dass Benzin für den Transport und Verpackungsmaterial verbraucht wird. Im hauseigenen Indoor-Garten werden weder Benzin noch Verpackungsmaterial benötigt. Wer seinen Teil zu einer besseren

Umwelt durch einen geringeren ökologischen Fußabdruck beitragen möchte, sollte sich daher für einen Indoor-Garten entscheiden.

Ein weiterer Vorteil ist, dass viele Indoor-Gärten besonders kostensparend sind. Zwar kostet der Aufbau ein wenig Geld, wenn man sich jedoch anschließend für ein kostensparendes Bepflanzungsmodell entscheidet, kann man schnell viel Geld sparen. Wer Salat oder Kresse anpflanzt, wird lange brauchen, um die ersten positiven finanziellen Effekte wahrnehmen zu können. Wer teure Gewürzkräuter wie Koriander anbaut, wird schon nach kurzer Zeit das erste Geld gespart haben.

Man sollte zudem nicht vergessen, dass alle Pflanzen, die man selbst anbaut, Bio-Qualität haben und nicht gespritzt sind. Man muss daher nicht mehr nach Bio-Siegeln Ausschau halten, sondern hat Bioprodukte jederzeit griffbereit. Nicht zu unterschätzen ist außerdem, dass man weiß, woher die Zutaten stammen und dass sie nicht mit schädlichen Stoffen behandelt oder eingesprüht wurden. Man gewinnt Vertrauen in das eigene Essen und muss sich keine Sorgen vor ungesunden Pestiziden machen.

Abschließend sollte noch erwähnt werden, dass das Indoor-Gärtnern auch eine sehr befriedigende Erfahrung sein kann. Etwas zu pflanzen, es wachsen und erntebereit zu sehen, kann einem Selbstvertrauen geben.

Ein großer Nachteil von Indoor-Gärten ist, dass man jemanden braucht, der sich um den Indoor-Garten kümmert, wenn man in den Urlaub fährt. Ein Indoor-Garten pflegt sich nämlich nicht von alleine. Selbst Smart-Gärten, die zu einem großen Teil automatisiert werden können, müssen gepflegt und gewartet werden. Wer viel im Ausland ist, gerne reist oder berufsbedingt viel unterwegs ist, sollte zwei Mal nachdenken, bevor er einen Indoor-Garten kauft.

Ein weiterer Nachteil von Indoor-Gärten ist, dass sie Zeit erfordern. Die meisten Gemüse- oder Kräutersorten, die man in einem Indoor-Garten anbaut, könnte man auch kostengünstig im Supermarkt kaufen. Viele Gemüse- und Salatsorten sind so günstig im Einkauf, dass sich ein Anbau im hauseigenen Indoor-Garten kaum lohnt. Man wird zudem auch sehr viel mehr Zeit investieren, als einem vielleicht lieb ist. Genau aus diesem Grund eignet sich ein Indoor-Garten vor allem für die Leute, die Indoor-Gärten weniger als Last, sondern eher als Hobby sehen.

Zudem sollte man nicht vergessen, dass ein Indoor-Garten auch einiges an Platz einnehmen kann. Wenn man in einer kleinen Wohnung lebt, die womöglich von mehreren Leuten mitbenutzt wird, kann ein Indoor-Garten schnell zur Last werden. Heutzutage gibt es bereits sehr kleine Indoor-Gärten, die auf einen Tisch passen. Herkömmliche Indoor-Gärten können jedoch schnell mehr als einen Kubikmeter Platz einnehmen. Bevor man einen Indoor-Garten kauft und aufbaut, sollte man sich dahingehend beraten lassen, welche unterschiedlichen Größen es gibt, wie hoch der Ertrag der Gärten ist und wie schnell Pflanzen in den jeweiligen Gärten wachsen können.

Vor- und Nachteile sind immer subjektiv. Die einen sehen das Zeitinvestment für den Indoor-Garten als etwas Schönes an. Andere hingegen sehen dies als größten Nachteil. Jeder muss selbst entscheiden, ob er einen Indoor-Garten kaufen möchte. Es kann jedoch davon abgeraten werden, eine Entscheidung zu treffen, bevor man selbst Erfahrungen in diesem Bereich gemacht hat. Am besten fragt man jemanden nach seinem Rat, der bereits einen Indoor-Garten aufgebaut hat. Wenn man noch nie vorher einen Indoor-Garten gesehen hat und auch keine Erfahrung damit hat, wie viel Zeit man in einen Indoor-Garten investieren muss, trifft man schnell falsche Entscheidungen.

2. Kapitel: Arten von Indoor-Gärten

2.1 Unterschiede zwischen Indoor-Gärten und Smart-Gärten

© Denys Kurbatov - Shutterstock.com

Es gibt nicht nur eine Art von Indoor-Garten. Indoor-Gärten gibt es in vielen Arten und Aufbauweisen. Man unterscheidet in diesem Zusammenhang zum Beispiel zwischen Smart-Gärten und Indoor-Gärten. Smart-Gärten sind eine Art des Indoor-Gartens. Der große Unterschied zwischen den beiden Arten besteht darin, dass Smart-Gärten intelligent betrieben werden. In der Praxis bedeutet das, dass die Pflanzen über LEDs beleuchtet werden und dass die Nährstoffzufuhr sowie die Bewässerung ohne externe Einwirkung automatisiert erfolgt. Einige Smart-Gärten können heutzutage via

App überprüft und gepflegt werden. Im Gegensatz zu vielen anderen Indoor-Gärten kann man mit Smart-Gärten das ganze Jahr über frische Kräuter und Gemüse ernten.

Wenn man den Begriff „smart" hört, möchte man annehmen, dass der Garten völlig ohne menschliche Einwirkung funktioniert. Dies ist jedoch leider nicht der Fall. So gut wie alle Smart-Gärten brauchen regelmäßig Hilfe, sei es beim Abstand der Lampen von den Pflanzen, bei der Bewässerung oder bei dem Entfernen abgestorbener Triebe. Smart-Gärten stellen daher keine Option dar für Leute, die viel unterwegs sind und womöglich sich wochenlang am Stück nicht um den Garten kümmern können.

Wann sollte man sich für einen Indoor-Garten entscheiden und wann für einen Smart-Garten? Smart-Gärten lohnen sich vor allem für die Leute, die rund ums Jahr anbauen wollen. In Smart-Gärten werden die Pflanzen automatisiert ausreichend versorgt und können genau so wachsen, wie man es sich vorstellt. Wenn man einen Indoor-Garten aufbaut, der keine intelligente Steuerung besitzt, muss man selbst sicherstellen, dass die Pflanzen genügend Nährstoffe, Wasser und Licht bekommen. Wenn man wenig Zeit und viel Stress im Beruf hat, könnte diese Lösung womöglich die Beste sein. Smart-Gärten lohnen sich daher für Leute, die viel beschäftigt sind und gerne frisches Gemüse, Kräuter und Salate zu sich nehmen möchten.

Welche Argumente sprechen jedoch für den Indoor-Garten? Warum sollte man sich für einen reinen Indoor-Garten und keinen Smart-Garten entscheiden? Smart-Gärten nehmen vielen Hobbygärtnern die Freude am Gärtnern. Viele Menschen kaufen einen Indoor-Garten, um sich um ihn zu kümmern und ihn zu pflegen. Wenn man all die Arbeit selbst übernimmt, ist man im Nachhinein oftmals stolz. Man weiß nämlich, dass die Pflanze alleinig durch die eigene Arbeit zur vollen Größe herangewachsen ist. Ohne die eigene Arbeit wäre dies nicht möglich gewesen. Bei Smart-Gärten ist dies jedoch anders. Indem man Prozesse automatisiert, entzieht man sich selbst der Kontrolle über den Garten. Obwohl Smart-Gärten nicht völlig ohne menschliche Einwirkung funktionieren, empfinden sie einige als eher unnatürlich und künstlich. Dieser Umstand wird besonders gut dadurch verdeutlicht, dass immer mehr Smart-Gärten Funktionen wie automatisierte LED-Wasseranzeigen besitzen. Anstatt selbst zu überprüfen, ob die Pflanzen genug Wasser haben, signalisiert bei vielen Smart-Gärten eine LED, dass dies der Fall ist. Viele Hobbygärtner sehen dies als eine hilfreiche Funktion, andere sehen sie weniger positiv.

Schlussendlich muss jeder selbst entscheiden, ob er Smart-Gärten oder herkömmliche Indoor-Gärten bevorzugt. Man sollte an dieser Stelle auch anmerken, dass Smart-Garten nicht gleich Smart-Garten ist. Jeder Smart-Garten ist anders. Es gibt besonders komplexe Smart-Gärten, die fast den kompletten Prozess für einen übernehmen. Es gibt jedoch auch Smart-Gärten, die nur wenige essenzielle Funktionen übernehmen, die einem die Wartung des Gartens und die Pflege der Pflanzen erleichtern. Jeder kann daher selbst entscheiden, wie viel Arbeit er an den Smart-Garten abgeben möchte und wieviel Arbeit er selbst erledigen will.

2.2 Hydroponische Indoor-Gärten

© Harshit Srivastava S3 - Shutterstock.com

Der Begriff „hydro" kommt aus dem Altgriechischen und bedeutet so viel wie „Wasser". Ein hydroponischer Indoor-Garten ist ein Garten, in dem die Wurzeln der angebauten Pflanzen im Wasser hängen. Die Pflanzen, die in einem hydroponischen Indoor-Garten angebaut werden, versorgen sich daher mit Nährstoffen aus dem Wasser. Die Wurzeln der Pflanzen befinden sich in einer nährstoffhaltigen Lösung. Die Wurzeln nehmen diese Nährstoffe auf und die Pflanze beginnt bei richtiger Belichtung zu wachsen. Neben den richtigen Nährstoffen braucht ein hydroponischer Indoor-Garten vor allen Dingen noch eines, nämlich Sauerstoff. Die Pflanzen werden über die nährstoffhaltige Lösung durch eine angeschlossene Pumpe mit Sauerstoff versorgt und können so ohne Probleme auch in Wasser wachsen.

Neben Wasser, Nährstoffen, dem Saatgut und einer Luftpumpe benötigen hydroponische Systeme ein Substrat, auf dem die Pflanzen später wachsen können. Blähton, Lavasteine, Steinwollwürfel und Matten aus Zellulose sind besonders beliebt unter Hobbygärtnern.

Warum sollte man sich jedoch für einen hydroponischen Indoor-Garten und nicht für einen herkömmlichen Indoor-Garten entscheiden? Einer der Hauptgründe, warum viele sich gegen herkömmliche Indoor-Gärten entscheiden, ist, dass sie einfach zu viel Dreck verursachen. Wer schon einmal einen Indoor-Garten aufgebaut hat, wird wissen, dass Indoor-Gärten, die auf Erde setzen, oftmals schlammig sind. Einmal nicht aufgepasst und etwas Erde landet auf dem Fußboden. Meist merkt man dies jedoch erst, wenn man in die Erde getreten ist und sie in der gesamten Wohnung verteilt hat. Bei hydroponischen Systemen kann maximal ein wenig Wasser überlaufen, welches schnell wieder aufgewischt werden kann. Die meisten hydroponischen Systeme sind auch nach oben hin so gut wie abgeschlossen. Dadurch ist es höchst unwahrscheinlich, dass große Mengen Wasser das Becken verlassen und für Probleme sorgen. Zudem sollte man nicht vergessen, dass man Werkzeuge braucht, wenn man mit Erde arbeitet. Viele nutzen kleine Schaufeln, Scheren und Stöcke für ihre Pflanzen. Jedes Mal, wenn man mit Erde arbeitet, muss man die Schaufel nachher sauber machen oder man hat einen gesonderten Bereich für diese Geräte. Egal von welcher Perspektive aus man es betrachtet - herkömmliche Indoor-Gärten verursachen sehr viel mehr Dreck als hydroponische Systeme.

Erde ist zudem nicht gleich Erde. Den richtigen Nährboden zu finden, kann schwer sein. Besonders wenn man viel pflanzt, erwartet man von der Erde immer dieselben Qualitätsmerkmale. Wurzeln können in abgeschlossenen Systemen jedoch anfangen zu faulen und dies besonders dann, wenn die Pflanzen zu viel gegossen werden. In hydroponischen Indoor-Gärten entsteht dieses Problem nicht, weil die Pflanzen sich immer nur die Nährstoffe holen, die sie wirklich brauchen.

Zusammengefasst kann man sagen, dass beide Systeme Vor- und Nachteile haben. Wer sich für ein hydroponisches System entscheidet, erhält einen leicht zu pflegenden, höchst effizienten Indoor-Garten. Wer einen herkömmlichen Indoor-Garten wählt, kann Pflanzen wie in der Natur wachsen sehen und behält die volle Kontrolle über den Garten.

2.3 Vertikale Indoor-Gärten

Photo by Altifarm Enverde on Unsplash

Wer nicht horizontal pflanzen möchte, kann auch vertikal pflanzen. Im Gegensatz zu hydroponischen Systemen und herkömmlichen Indoor-Gärten sind vertikale Gärten sehr viel platzsparender. Man kann sie mitten im Raum aufbauen oder kann sie auch direkt an einer Wand oder aufrecht auf einem Balkon aufstellen. Vertikale Gärten können wie herkömmliche Indoor-Gärten dafür genutzt werden Gemüse, Salate und Kräuter anzubauen. Man kann sie jedoch auch als Dekoration verwenden. Pflanzenwände liegen heutzutage voll im Trend und machen das eigene Zuhause zu einem kleinen tropischen Garten. Besonders in Wohnräumen sehen Pflanzenwände modern und freundlich aus. Viele Menschen bauen Pflanzenwände auf, um die Luftfeuchtigkeit in der Wohnung zu regulieren oder um Schadstoffe aus der Luft zu filtern. Eine Pflanzenwand ist also nicht nur optisch eine clevere Idee, sondern kann auch dabei helfen, das Raumklima zu verbessern.

Pflanzenwände werden normalerweise mit nicht essbaren Pflanzen bepflanzt. Diese Pflanzen sind alleinig Dekoration oder sie sollen das Raumklima verbessern. Für Pflanzenwände werden gerne Farne, Efeu oder auch Moos verwendet. Pflanzenwände aus Moos sind eine separate Untergruppe der Pflanzenwände. Diese Art der Pflanzenwände sieht man heutzutage viel in modernen Büros oder vereinzelt in öffentlichen Einrichtungen. Auch im Wohnzimmer vieler Leute erfreut sich die Moospflanzenwand eines Platzes.

Wer lieber vertikale Gärten mit essbaren Pflanzen bepflanzen will, kann dies natürlich auch jederzeit tun. Diese Art der vertikalen Gärten sollte vor allen Dingen auf Balkonen angepflanzt werden. Besonders Stangenbohnen und andere rankende Pflanzen eignen sich für vertikale Gärten. Weitere rankende Pflanzen sind Zucchini oder auch Gurken. Wer diese gerne häufiger essen möchte, sollte darüber nachdenken, einen vertikalen Garten auf dem eigenen Balkon oder der eigenen Terrasse aufzubauen.

2.4 Fertige Box Indoor-Gärten

© iStock.com - kynny

Viele Unternehmen bieten heutzutage auch Indoor-Gärten in Boxen an. Diese Boxen können samt Substrat und Saatgut gekauft werden. Diese Gärten, auch „Box-Gärten" genannt, gibt es in herkömmlicher Form mit Pflanzenerde oder auch als hydroponisches System. Viele dieser Box-Gärten sind zudem Smart-Gärten. Aus diesem Grund lohnen sich Box-Gärten für die Leute, die nebenbei gärtnern möchten, jedoch kein Interesse daran haben, viel Zeit in die Pflege der Pflanzen zu investieren.

Fertige Box-Gärten gibt es jedoch auch in einfacherer Form. Einige Unternehmen verkaufen Gärten, die nur geöffnet und regelmäßig gegossen werden müssen. Kresse und andere Kräuter werden vorzugsweise in dieser Art der fertigen Box-Gärten angepflanzt. Viele dieser Gärten sind nicht sonderlich langlebig und können nur wenige Male verwendet werden. Komplexere und meist auch sehr viel teurere Box-Gärten-Lösungen sind darauf ausgerichtet, mit unterschiedlichen Arten von Saatgut umgehen zu können. Kleine, kostengünstige Box-Gärten richten sich dagegen eher an Menschen, die das System Indoor-Garten ausprobieren wollen und sich nicht langfristig um Pflanzen kümmern können. Zudem eignen sich solche Box-Gärten für Eltern, die ihren Kindern das Indoor-Gärtnern näher bringen möchten.

Der Ertrag dieser Box-Gärten ist meist sehr gering. Wenige dieser Gärten sind von der Größe her vergleichbar mit den meisten heimischen Indoor-Gärten. Sie lohnen sich jedoch besonders, wenn man Kräuter anpflanzen möchte. Da diese meist nicht in großen Mengen benötigt werden, reicht ein kleiner Box-Garten für sie meist vollkommen aus.

3. Kapitel: Aufbau eines hydroponischen Indoor-Gartens

3.1 Welche Materialien werden benötigt?

© iStock.com -Firn

Wie baut man einen Indoor-Garten auf? Welches Substrat sollte man verwenden und welche Fehler kann man machen, wenn man einen hydroponischen Indoor-Garten aufbaut? Das Erste, was man für einen Indoor-Garten erst einmal braucht, ist Platz. Am besten sucht man sich für den Indoor-Garten einen Raum in der eigenen Wohnung oder im eigenen Haus aus, der nicht bereits mit anderen Sachen vollgestellt ist. Als absolutes Minimum ist eine Fläche von einem Meter mal einem Meter zu empfehlen. Kleine Indoor-Gärten samt aller Elemente und Werkzeuge sollten in diesen Bereich passen. Für größere Projekte sollte ein größerer Raum oder ein Gartenhaus genutzt werden.

Bei der Suche eines Raumes sollte darauf geachtet werden, dass der Raum nicht starken Temperaturschwankungen unterworfen ist. Es sollte sich in diesem Raum daher kein Kaminofen befinden. Auch ein zu kühler Raum ist nicht zu empfehlen. Der Raum sollte eine annähernd stabile Temperatur aufweisen und sollte zu jeder Tageszeit begehbar sein.

Als nächstes benötigt man eine verschließbare Box oder einen Eimer mit Deckel. Dieser Deckel sollte entfernt werden können und sollte waschbar sein. Die Box oder der Eimer sollte aus einem stabilen Material bestehen, das sich nicht schnell verformt oder Stoffe an die Nährstofflösung abgibt.

Neben dem Gefäß braucht man auch noch ein Substrat. Hier empfiehlt sich Blähton. Dieser ist wiederverwendbar und günstig im Einkauf. Auf dem Blähton soll später die Pflanze wachsen, während die Wurzeln der Pflanze in das sich darunter befindende Wasser hängen. Neben dem Blähton braucht man zudem noch Netztöpfe. Der Blähton wird später in diese Netztöpfe samt der Saat gefüllt. Der Netztopf sorgt zum einen dafür, dass der Blähton nicht ins Wasser fällt. Er sorgt zum anderen dafür, dass die Wurzeln in das Wasser hängen können, ohne dass der Rest der Pflanze im Wasser hängt.

Damit die Pflanze wächst, braucht man zudem die richtigen Nährstoffe und Wasser. Aus diesen beiden Komponenten wird eine Lösung zusammengemischt, aus der sich später die Pflanzenwurzeln jegliche Nährstoffe ziehen. Fertige Lösungen kann man vielerorts kaufen. Die meisten Hobbygärtner mischen jedoch das Nährstoffkonzentrat beziehungsweise den Dünger mit dem Wasser selbst an. Auch dafür gibt es genaue Anleitungen. Es gibt keine Faustregel für diese Lösungen, sondern lediglich grundlegende Konzepte, denen man sich bewusst sein sollte. Beispielsweise hängt die Menge des Düngers, den man in das Wasser gibt, davon ab, wie viel Wasser man verwendet und wie viele Nährstoffe die jeweiligen Pflanzen benötigen. Bevor man Nährstoffe in Form von Dünger zum Wasser hinzugibt, sollte man sich daher genau ausrechnen, wie viel man von diesem Dünger für die spezifische Menge Wasser benötigt.

Außerdem braucht man für seinen hydroponischen Indoor-Garten eine Luftpumpe. Diese Luftpumpe wird später dafür verwendet, die Pflanzen mit Sauerstoff zu versorgen. Damit die Luft gleichmäßig und nicht in allzu großen Blasen im Wasser verteilt wird, sollte man zudem einen Ausströmer kaufen. Dieser macht die Luftblasen sehr viel kleiner und sorgt damit dafür, dass sich immer genug Sauerstoff in der Lösung befindet.

Zudem sollte man keinesfalls das Licht bei dem Aufbau eines hydroponischen Indoor-Gartens vergessen. Bei einigen Indoor-Gärten reicht das reine Sonnenlicht zur Versorgung der Pflanzen nicht aus. Viele Pflanzen benötigen mindestens acht bis zehn Stunden Licht pro Tag. Für viele Hobbygärtner ist das nicht umsetzbar. Genau aus diesem Grund nutzen viele LED-Lampen.

Natürlich benötigt man neben all diesen Dingen auch das Saatgut und noch etwas Werkzeug. Ein Cutter-Messer und eine Bohrmaschine reichen meist vollkommen aus, um all diese Komponenten miteinander zu verbinden.

3.2 Schritt - für - Schritt - Aufbau eines Indoor-Gartens

© DOME STUDIO - Shutterstock.com

Der erste Schritt beim Aufbau eines hydroponischen Indoor-Gartens besteht darin, einen geeigneten Ort für den Indoor-Garten zu finden. Anschließend nimmt man ein Cutter-Messer und beginnt damit in den Deckel von der Box Löcher zu schneiden, in welche danach die Netztöpfe eingeführt werden.

Man sollte an diesem Punkt darauf achten, dass die Löcher nicht zu groß sind, sodass der komplette Netztopf durch das Loch hindurch in die Nährstofflösung fällt. Der Netztopf sollte stabil in den Löchern sitzen.

Beim zweiten Schritt brauchen wir die Bohrmaschine. Diese nutzen wir nun, um ein kleines Loch am oberen Rand von der Box unter den Deckel zu bohren. Dieses Loch wird verwendet für die Luftpumpe mit Ausströmer. Der Luftschlauch wird nun durch dieses Loch in den Bereich in der Box, wo später die Nährstofflösung sein wird, eingeführt. Als Letztes muss nur noch der Ausströmer mit dem Schlauch der Luftpumpe verbunden werden. Sobald dies geschafft ist, kann damit begonnen werden, die Nährstofflösung zusammenzumischen.

Die Nährstofflösung darf nicht zu dünn, aber auch nicht zu konzentriert sein. Es ist daher wichtig, genau zu lesen, wie viel Dünger benötigt wird für die Menge Wasser, die man in die Box füllt. Die Nährstofflösung sollte maximal bis zu den Wurzeln der Setzlinge gehen. Diese Setzlinge werden, nachdem die Box geschlossen wurde, in das Substrat aus Blähton gelegt und dann mit den Netztöpfen in die Löcher im Deckel der Box eingeführt. Man sollte jedoch, bevor man die Setzlinge in die Netztöpfe setzt, dafür sorgen, dass die Saat bereits einiges an Wurzeln gebildet hat. Um dies zu erreichen, sollte man die Saat in einem anderen Substrat heranziehen und sie erst dann in das Substrat aus Blähton überführen. Würde man die Saat ohne Wurzeln in das Substrat aus Blähton geben, würden die Pflanzen wahrscheinlich nicht wachsen.

Daraufhin kann der hydroponische Indoor-Garten bereits in Betrieb genommen werden. Sobald die Setzlinge mit den Netztöpfen in die Löcher eingeführt wurden, muss nur noch die Luftpumpe angestellt werden, damit der erste Sauerstoff in die Nährstofflösung gelangt.

Bevor man den Garten in Betrieb nimmt, sollte man überprüfen, ob alle Umweltfaktoren stimmen. Bekommt der Garten genug Sonne ab? Sind also acht bis zehn Stunden Sonne pro Tag möglich? Wenn nicht, wurden LED-Lampen installiert, die für das nötige Licht sorgen? Und ist der Raum nicht zu warm und auch nicht zu kalt? Wenn all diese Faktoren bedacht wurden, kann es losgehen.

In vielen Fällen wird jedoch nicht alles glatt laufen und Dinge werden schiefgehen. Hier sind drei potenzielle Probleme, die man beim Aufbau eines hydroponischen Indoor-Gartens im Hinterkopf behalten sollte:

1. Zu wenig Luft: Wenn ein Indoor-Garten zu wenig Luft bekommt, wird sich dies schnell bemerkbar machen, indem die Pflanzen langsamer wachsen, gar nicht mehr wachsen oder absterben. Ein Grund hierfür könnte sein, dass die Luftpumpe falsch eingestellt ist. Möglicherweise pumpt diese einfach zu wenig Sauerstoff in die Nährstofflösung. Um das Problem zu lösen, sollte man daher genauer untersuchen, ob das Gerät überhaupt fähig ist, genug Sauerstoff in die Nährstofflösung zu pumpen oder ob das Gerät lediglich falsch eingestellt wurde. Ein weiteres Problem könnte sein, dass der Ausströmer nicht an das Gerät angepasst wurde und vielleicht zu große Blasen Sauerstoff in die Nährstofflösung gelangen. An dieser Stelle könnte sich womöglich der Tausch des Ausströmers lohnen.

Ein weiterer Grund könnte sein, dass die Box einfach zu groß ist und die Luftpumpe zu schwach für die Box ist. Wer direkt von Anfang an einen sehr großen hydroponischen Indoor-Garten baut, sollte auch eine leistungsstarke Luftpumpe kaufen. Eine weitere Option wäre in diesem Zusammenhang, mehrere Luftpumpen mit Ausströmern zu kaufen und diese über mehrere Löcher unter dem Deckel mit einem Schlauch an die Box anzuschließen.

2. Die Netztöpfe fallen ins Wasser: Dies sollte keinesfalls passieren. Die Netztöpfe sollten alle sicher in den Löchern im Deckel stecken.

Fällt ein Topf samt Substrat in die Nährstofflösung, könnte diese womöglich verunreinigt werden und ihren pH-Wert ändern. In diesem Fall hilft es, einen neuen Deckel zu kaufen oder einfach neue Löcher zu schneiden und die anderen abzukleben.

3. Das Substrat zerfällt: Das A und O ist das richtige Substrat. Einige Substrate können verrotten und sind daher völlig unbrauchbar für einen Indoor-Garten. Bevor ein Substrat gekauft wird, sollte daher sichergestellt werden, dass dieses stabil ist und nicht zerfällt.

Der Aufbau eines Indoor-Gartens ist nicht so kompliziert, wie viele Leute denken. Mit ein wenig Mut und etwas Geduld kann jeder einen hydroponischen Indoor-Garten aufbauen und pflegen. Sollte ein Cutter-Messer übrigens nicht ausreichen, kann auch eine Lochsäge verwendet werden. Und wer viele unterschiedliche Pflanzen mit unterschiedlichen Voraussetzungen anbauen will, kann auch direkt mit mehreren hydroponischen Indoor-Gärten starten.

3.3 Die Wahl des richtigen Substrats

Nicht jedes Substrat eignet sich für Indoor-Gärten. Um ein geeignetes Substrat auswählen zu können, muss man wissen, was ein gutes Substrat ausmacht und welche Faktoren ein gutes Substrat von einem schlechten Substrat unterscheiden.

Ein Substrat wird verwendet, um den Pflanzen, die im hydroponischen Indoor-Garten wachsen sollen, Halt zu geben. Das Substrat muss daher stabil sein. Substrate dürfen nicht zerfallen und dürfen keinesfalls Stoffe an die sich darunter befindliche Nährstofflösung abgeben. Wenn dies passiert, könnte es nämlich dazu kommen, dass sich der pH-Wert von der Nährstofflösung verändert und das Pflanzenwachstum eingeschränkt wird. Es kann zudem zur Folge haben, dass die Pflanzen absterben oder sogar in die Nährstofflösung fallen, weil das Substrat nicht stabil genug war. Vorausgesetzt wird daher auch, dass das Substrat nicht verrotten kann. Wenn es verrottet, könnte es nämlich der Pflanze nicht mehr genug Halt geben oder selbst ins Wasser fallen. Blähton ist eines der Substrate, das beide Anforderungen erfüllt. Substrate aus Blähton verrotten nicht, erzeugen somit auch keinen Müll und sind langlebig. Diese Art der Substrate ist daher sehr viel nachhaltiger und eignet sich für Menschen, die umweltbewusst leben und wenig Müll produzieren möchten.

Abgesehen von der Stabilität des Substrats sollte zudem sichergestellt werden, dass das Substrat keine Stoffe abgibt. Es muss nämlich nicht zwingend zerfallen, um Stoffe an die Nährstofflösung abgeben zu können. Bevor man ein Substrat für seine Setzlinge kauft, sollte man daher in Erfahrung bringen, ob und wenn ja, welche Stoffe das Substrat an das Wasser abgibt. Solche Fragen stellt man am besten dem Substrathersteller oder dem Verkäufer des Produktes.

Blähton gehört zu einem der besten Substrate, die man kaufen kann. Es gibt jedoch auch einige Dinge, auf die man beim Kauf von Blähton achten sollte. Zum einen sollte man stets darauf achten, dass das Substrat aus Blähton nicht mit einem anderen Stoff vermischt ist. Reiner Blähton ist an dieser Stelle sinnvoll. Der Blähton sollte eine Körnung von ungefähr einem Zentimeter haben. Wenn das Substrat ein wenig feinkörniger oder grobkörniger ist, sollte das kein Problem sein. Wenn die Körnung jedoch mehr als drei Zentimeter beträgt, ist von einem Kauf abzuraten, weil dann die Körner oftmals zu groß sind für die kleinen Netztöpfe.

4. Kapitel: Belichtung eines Indoor-Gartens

4.1 Warum ist ausreichend viel Licht wichtig?

Pflanzen brauchen Licht, um wachsen zu können. Dieser Prozess nennt sich auch „Fotosynthese". Pflanzen nutzen die Fotosynthese, um aus Licht, Wasser und Kohlendioxid nach einiger Zeit Glucose und Sauerstoff zu machen. Die Glucose wird anschließend von der Pflanze verwendet, um neues Pflanzenmaterial zu produzieren. Genauer gesagt kommt es zu einer Synthese, bei der Fette und Eiweiß entstehen. Bei der Fotosynthese handelt es sich um eine Redoxreaktion. Diese Reaktion findet im Chlorophyll statt. Dies ist übrigens der Stoff, der Blätter grün aussehen lässt.

Pflanzen brauchen also Licht, um wachsen zu können. Dieses Licht kann durch die Sonne oder auch LEDs geliefert werden. Viele Pflanzen brauchen mindestens acht bis zehn Stunden Licht pro Tag, um gut versorgt zu werden und wachsen zu können. Wenn man seinen Indoor-Garten zu Hause aufbaut, sollte man dies bedenken. Am besten sucht man einen Raum, in dem genau diese Lichtverhältnisse gegeben ist. Räume mit mehreren Fenstern, die in mehrere Himmelsrichtungen ausgerichtet sind, sind diesbezüglich die erste Anlaufstelle.

Natürlich gibt es viele Hobbygärtner, für die es nicht möglich ist, diese Voraussetzungen zu schaffen. Das ist absolut kein Problem. LED-Lampen reichen vollkommen aus, um ähnliche Lichtverhältnisse zu schaffen. Diese können kostengünstig eingekauft und schnell aufgebaut werden.

Ohne Licht werden die Pflanzen im Indoor-Garten nicht wachsen. Es ist daher wichtig, dass man sicherstellt, dass die Pflanzen jeden Tag genug Licht bekommen. Folgende Probleme könnten in diesem Zusammenhang auftreten:

1. Wolken und wenig Sonnenschein: Nicht jeder wohnt an einem tropischen Ort. Besonders in Deutschland, Österreich und der Schweiz regnet es häufig. Wenn die Pflanzen im Indoor-Garten nicht genug Licht bekommen, könnte dies dazu führen, dass sie langsamer wachsen, weniger prächtig werden oder sogar absterben. Genau aus diesem Grund sollte man die Intensität der Sonne mit in die eigenen Berechnungen aufnehmen. Eine Pflanze sollte acht bis zehn Stunden Sonne pro Tag bekommen. Wenn sich den ganzen Tag über die Sonne hinter den Wolken versteckt und nur selten hervorscheint, sind diese acht bis zehn Stunden nicht gegeben. In solchen Fällen sollte man diese Stunden ausgleichen mit Stunden, in denen LED-Lampen die Pflanzen belichten. Diese sind jederzeit einsatzbereit und können genau eingestellt werden.

2. Vorhänge: Viele Leute schließen die Vorhänge oder lassen die Jalousien herunter, bevor sie zur Arbeit gehen oder das Haus verlassen. Dieses Verhalten sollte man sich abgewöhnen, wenn man einen Indoor-Garten hat und diesen nicht durchgehend mit LED-Lampen belichten möchte. Bevor man das Haus verlässt, sollte man daher in dem Raum, in dem man seinen Indoor-Garten stehen hat, die Jalousien hochziehen oder die Vorhänge zur Seite ziehen. Bereits dünne Vorhänge können die Sonneneinstrahlung stark abschwächen und dafür sorgen, dass die Pflanzen weniger schnell wachsen.

3. Gegenstände, die im Weg stehen: Gerne vergisst man, dass Gegenstände Schatten werfen. Wer seinen Indoor-Garten nah

ans Fenster stellt, sollte darauf achten, dass das Licht, das von draußen kommt, nicht durch große Regale oder andere Gegenstände zurückgehalten wird. Oder kurzgesagt: Der Indoor-Garten sollte nicht ständig im Schatten stehen.

Natürlich können noch viele weitere Probleme im Hinblick auf die Belichtung entstehen. Eines dieser Probleme ist, dass manchmal die Lichtquellen nicht gut genug sind. Viele Anfänger kaufen eine LED-Lampe und glauben, dass diese ausreicht, um den kompletten Indoor-Garten zu belichten. Dies ist oftmals jedoch falsch. In vielen Fällen braucht es mehr als eine Lampe, um ausreichende Lichtverhältnisse für die Pflanzen schaffen zu können. Zudem sollte man bedenken, dass manche Pflanzen mehr Licht brauchen als andere. Es kann daher sein, dass einige Pflanzen sich prächtig entwickeln, während zur selben Zeit Pflanzen eingehen, weil sie zu wenig Licht bekommen. Dieser Umstand sollte einem im Vorhinein bekannt sein. Bevor man die Setzlinge einpflanzt, sollte man daher genau wissen, wie viel Licht diese brauchen und wie viel Licht umliegende Pflanzen benötigen. Um mehr Kontrolle über die eigenen Pflanzen und Lichtverhältnisse haben zu können, entscheiden sich viele Hobbygärtner dafür, pro Box nur eine Art von Pflanzen anzupflanzen.

Ein weiteres Problem, das in vielen Indoor-Gärten auftritt, ist die falsche Entfernung der Lampe von der Pflanze. Einige Hobbygärtner stellen die Lampe zu nah an die Pflanze, andere stellen sie zu weit entfernt hin. Um den richtigen Abstand für die jeweilige Pflanze zu finden, lohnt es sich mit anderen Hobbygärtnern zu sprechen oder online nach Informationen zu suchen. Der Abstand der Pflanze zur Lampe ist für jede Pflanzenart anders und kann nicht pauschal definiert werden.

4.2 Vollspektrum-LEDs

Wer gesunde Pflanzen will und auf LED-Lampen zurückgreifen möchte, sollte auf Vollspektrum-LEDs setzen. Diese Art der LED-Lampe deckt das komplette Lichtspektrum ab und kommt somit dem Sonnenlicht weitgehend ähnlich. Viele LEDs, die man online kaufen kann, sind keine Vollspektrum-LEDs und decken nur einen Teil des Lichtspektrums ab. Dies hat zur Folge, dass die Pflanzen nicht ausreichend versorgt werden und nicht optimal wachsen können.

Die meisten Vollspektrum-LEDs kosten mehr als herkömmliche LEDs. Diesen Preis sind sie jedoch auch wert. Wer keine Vollspektrum-LEDs kauft, der spart am falschen Ende. Besonders wer in Regionen lebt, in denen es oft bewölkt ist und wer in einer Wohnung lebt, in der acht bis zehn Stunden Sonnenlicht pro Tag nicht garantiert werden können, sollte Vollspektrum-LEDs für seinen Indoor-Garten kaufen.

Viele Online-Händler bieten LEDs an. Auch in Fachgeschäften lassen sich diese von verschiedenen Herstellern kaufen. Beim Kauf von LED-Lampen ist lediglich darauf zu achten, dass diese wirklich das komplette Lichtspektrum ohne Ausnahmen abdecken.

4.3 Hellphasen und Dunkelphasen

Viele Vollspektrum-LEDs werden mit Zeitschaltuhren betrieben. Ein großer Fehler, den viele Leute machen, ist, dass sie diese Zeitschaltuhren falsch einstellen. Diesen Fehler gilt es zu vermeiden, indem man die Zeitschaltuhren den Jahreszeiten sowie der Sommerzeit und Winterzeit anpasst.

Um ein gesundes Wachstum der Pflanzen garantieren zu können, müssen Hellphasen und Dunkelphasen im Einklang miteinander stehen. Acht bis zehn Stunden Sonne brauchen viele Pflanzen. Mehr ist jedoch nicht besser, sondern eher schlechter. Dieser Umstand muss bekannt sein und respektiert werden. Wenn Gemüse, Salate oder Kräuter in einem Indoor-Garten angepflanzt werden, sollte daher bekannt sein, wie lang die Hellphasen und Dunkelphasen für die jeweilige Pflanze sein sollten. Diese Informationen müssen anschließend auf die Zeitschaltuhr übertragen werden, damit diese für eine ausreichende Belichtung sorgen kann.

5. Kapitel: Wartung eines Indoor-Gartens

5.1 Warum muss ein hydroponischer Indoor-Garten gewartet werden?

Ein Indoor-Garten muss gewartet werden, weil sonst schnell viele Probleme entstehen können. Selbst ein Smart-Garten kann nicht ohne den Eingriff einer Person langfristig erfolgreich geführt werden. Das Wasser in einem hydroponischen Indoor-Garten könnte sich verfärben, der pH-Wert könnte zu hoch werden, die EC-Werte könnten von der Norm abweichen, Schädlinge könnten die Pflanzen befallen und schlimmstenfalls könnten sogar die Pflanzen absterben. Selbst ein kleines Problem kann schon dafür sorgen, dass die Pflanzen eingehen und die gesamte Mühe umsonst war. Deshalb ist es so wichtig, einen Indoor-Garten regelmäßig gewissenhaft zu warten.

Im Folgenden wollen wir uns mit einigen Problemen im Detail auseinandersetzen, die auftreten können, wenn man seinen Indoor-Garten nicht richtig wartet:

1. Fauliger Geruch: Ein Problem, das auftreten kann, ist, dass der Indoor-Garten zu viel bewässert wird. In herkömmlichen Indoor-Garten-Systemen bedeutet dies, dass zu viel gegossen wurde. In hydroponischen Systemen könnte dies bedeuten, dass das Substrat samt der Pflanze womöglich zu tief in der Nährstofflösung hängt. Ein fauliger Geruch oder auch hängende Blätter könnten ein Anzeichen hierfür sein.

2. Verfärbtes Wasser: Das Wasser in der Box könnte sich verfärbt haben, weil sich Algen im Wasser bilden. Eine der häufigsten Ursachen ist die eigene Wasserleitung. In manchen Fällen gelangen Algen über die Wasserleitung in die Box und

vermehren sich dort rasend. Diese Algen müssen nicht immer zwingend schädlich sein. Meist empfiehlt es sich jedoch, diese zu entfernen und regelmäßig zu überprüfen, ob sie wiedergekommen sind.

3. Trockene Blätter: Trockene Blätter treten meist dann auf, wenn die Belichtung nicht stimmt. Womöglich steht die LED-Lampe zu weit von der Pflanze entfernt oder die Belichtungsdauer ist nicht korrekt. Wenn die Blätter trocken sind, ist die Belichtungsdauer in den meisten Fällen das Problem. Diese wurde bei LEDs zu hoch eingestellt oder der Indoor-Garten befindet sich zu lange jeden Tag in der Sonne. Dies könnte auch dafür gesorgt haben, dass die Blätter sich braun verfärbten und abstarben. Aus diesem Grund ist es wichtig, über die Dunkelphasen und Hellphasen im Hinblick auf die gepflanzten Setzlinge genauestens Bescheid zu wissen.

4. Angefressene Blätter: Wenn man angefressene Blätter sieht, kann man sich sicher sein, dass es sich um einen Schädling handelt. Diesen loszuwerden ist das A und O. Dies ist jedoch nicht immer so leicht. Die meisten Leute werfen einfach die bereits gepflanzten Setzlinge weg und starten von Neuem. Dies ist meist die effizienteste und schnellste Option.

5. Schlappe Pflanzen: Sollte die Pflanze schlapp aussehen und die Blätter hängen lassen, könnte dies mit einem Nährstoffmangel im Zusammenhang stehen. Womöglich muss die Nährstofflösung ausgetauscht oder neuer Dünger hinzugefügt werden.

Wie genau wartet man jedoch einen Indoor-Garten? Folgende Punkte sind diesbezüglich zu beachten:

1. Technische Instandhaltung: Funktioniert die Luftpumpe noch? Ist der Ausströmer verkalkt oder hat sich etwas vor den Ausströmer geschoben? Ist kein Blähton in die Nährstofflösung gefallen und sind alle Geräte voll funktionsfähig? In einem hydroponischen System kann auch mal eine Leitung verstopfen oder eine LED-Lampe fällt aus. Dies zu bemerken und die Probleme so schnell es geht zu beheben, ist das A und O. Man sollte zudem schauen, dass alle Netztöpfe nicht zu tief in der Nährstofflösung hängen und alle angeschlossenen Geräte ordnungsgemäß funktionieren.

2. Tote Triebe und Blätter: Manche Triebe und Blätter müssen entfernt werden. Bevor man bestimmte Triebe entfernt, ist es wichtig, sich darüber zu informieren, ob dies sinnvoll ist oder ob man sie stehen lassen sollte. Bei den meisten Pflanzen ist es so, dass diese viel Energie aufwenden, um fast abgestorbene Triebe noch am Leben zu halten. Diese frühzeitig zu entfernen kann den Pflanzen dabei helfen, sich auf die gesunden Triebe zu konzentrieren und diese zum Wachsen zu bringen.

3. Nährstofflösung überprüfen: Ist die Nährstofflösung noch gut genug? Sind Pflanzenreste in der Nährstofflösung gelandet oder befindet sich Müll von den Substraten darin? Die Nährstofflösung muss unter diesen und vielen weiteren Gesichtspunkten begutachtet werden. Sollte sich die Nährstofflösung verfärbt haben oder sollten Algen in der Lösung zu sehen sein, müssen diese Probleme alsbald behoben werden. Zudem sollte man den pH-Wert sowie die EC-Werte

überprüfen. Die Nährstofflösung sollte zudem regelmäßig ausgetauscht werden.

5.2 Kontrolle der pH-Werte und EC-Werte

Der pH-Wert des Wassers gibt an, ob das Wasser eher basisch oder eher sauer ist. Unterschiedliche Pflanzen können bei verschiedenen pH-Werten wachsen. Der pH-Wert kann bei null bis vierzehn liegen. Eine neutrale Flüssigkeit hat einen pH-Wert von sieben. Viele Pflanzen bevorzugen saures Wasser. Die Nährstofflösung hätte in diesem Fall also einen pH-Wert von unter sieben. Der optimale Wert ist jedoch von Pflanze zu Pflanze unterschiedlich. Bevor man einen Setzling in einen Indoor-Garten pflanzt, sollte man daher genau bestimmen, welchen pH-Wert die Nährstofflösung haben sollte, um optimales Pflanzenwachstum zu garantieren.

Wenn man seinen Indoor-Garten wartet, ist es daher notwendig, den pH-Wert zu überprüfen und ihn gegebenenfalls anzupassen. Sollte der pH-Wert nämlich für einige Zeit zu hoch oder zu niedrig sein, könnte dies zum Absterben der Pflanzen führen. Das passiert, weil in einer zu sauren oder zu basischen Lösung die Pflanze die Nährstoffe nicht mehr aufnehmen kann.

Wie testet man jedoch den pH-Wert? Das ist recht einfach. Das Einzige, was man benötigt, sind Teststreifen. Diese gibt es in vielen Supermärkten, Fachgeschäften und Apotheken zu kaufen. Man hält den Teststreifen kurz in die Lösung, wartet ein paar Minuten und kann anschließend anhand einer Legende erkennen, ob die Nährstofflösung zu basisch oder zu sauer ist. Sollte der pH-Wert schwanken oder sich ständig verschlechtern, sollte man darüber nachdenken, die Nährstofflösung auszutauschen und alle technischen Geräte zu überprüfen. Selbstverständlich gibt es zur Messung des pH-Wertes auch spezielle Testgeräte.

Ein weiterer Wert, den man im Auge behalten sollte, ist der EC-Wert. Die Abkürzung „EC" steht für „Electrical Conductivity". Kurz gesagt gibt der Wert den Salzgehalt einer Flüssigkeit an. Diesen EC-Wert gilt es in der Nährstofflösung zu überprüfen. Sollte der Wert zu hoch sein, muss er angepasst werden.

5.3 Andere Wartungsarbeiten

Wie oft sollte man eigentlich seinen Indoor-Garten warten? Zu empfehlen ist eine Wartung pro Tag. Natürlich muss diese tägliche Wartung keine detailreiche Wartung sein, bei der der pH-Wert, EC-Wert und vieles mehr gemessen wird. Man sollte jedoch bei der täglichen Wartung darauf achten, dass alle Komponenten vom Indoor-Garten voll funktionsfähig und einsatzbereit sind.

Detaillierte Wartungen können einmal pro Woche und in einigen Fällen auch nur einmal im Monat geschehen. Die Häufigkeit der Wartung hängt jedoch auch mit dem Erfahrungslevel und der Art des Indoor-Gartens zusammen, den man aufbaut.

Weitere Wartungsarbeiten, die anfallen können, sind die Überprüfung der Schläuche, des Drucks der Luftpumpe oder auch der Vergeilung von Trieben.

Eine Wartungsarbeit, die man schnell vergisst, ist selbstverständlich auch das Ernten von den Früchten seiner Arbeit. Wenn der Salat oder das Kraut groß genug und bereit zur Ernte ist, sollte man es nicht länger im Indoor-Garten belassen, sondern ernten und alsbald verzehren.

6. Kapitel: Blumenkübel - die modernen Mini-Hochbeete

6.1 Welche Materialien werden benötigt?

Wer einen Balkon oder eine Terrasse hat und sich eine weitere Grünfläche wünscht, sollte sich für Mini-Hochbeete aus Blumenkübeln entscheiden. Diese können dazu genutzt werden, Gemüse und andere Pflanzen anzupflanzen. Wer mehr Gemüse essen möchte und nachhaltigen Anbau bevorzugt, kann auf diese Weise im kleinen Stil selbst Gemüse anbauen.

Der Vorteil von Hochbeeten liegt auf der Hand. Die intelligente Schichtung innerhalb des Hochbeetes sorgt für gute Böden und dementsprechend auch für besonders effizientes Pflanzenwachstum. Jegliches organisches Material wird in einem Hochbeet wiederverwendet und sorgt damit für nachhaltiges Indoor-Gärtnern, bei dem wenig Müll entsteht.

Im Gegensatz zu herkömmlichen Indoor-Gärten können die meisten Hochbeete ohne technische Unterstützung zwar nicht rund ums Jahr betrieben werden, sie können jedoch sehr viel länger als herkömmliche Beete genutzt werden.

Ein weiterer Vorteil dieser Art des Beetes ist, dass es sehr günstig umgesetzt werden kann. Im Gegensatz zu Indoor-Gärten oder Smart-Gärten benötigen Hochbeete keine LED-Lampen, Nährstofflösungen oder teure Luftpumpen. Ihnen reicht der Sonnenschein, ein wenig Wärme und frische Luft.

Was genau braucht man jedoch, um ein Hochbeet aus Blumenkübeln aufbauen zu können? Als Erstes braucht man selbstverständlich einen Blumenkübel. Blumenkübel gibt es aus Holz, Metall und Kunststoff. Holz-Hochbeete sind die Hochbeete mit dem geringsten ökologischen Fußabdruck. Man schont die Umwelt, wenn man sich für diese Art des

Kübels entscheidet. Blumenkübel aus Holz sind jedoch schwer und können nach einiger Zeit anfangen zu verrotten. Metall-Hochbeete sind im Einkauf meist sehr viel teurer. Sie halten jedoch auch länger. Metall-Hochbeete sind besonders robust und weniger anfällig für Pilze oder Schimmel. Sie können zudem einfach gereinigt werden. Blumenkübel aus Metall verschlechtern jedoch auch den ökologischen Fußabdruck im Vergleich zu Blumenkübeln aus Holz. Die dritte Option sind Blumenkübel aus Kunststoff. Diese sind meist die günstigste Art von Blumenkübeln, die man im Handel kaufen kann. Wer einen Blumenkübel aus Kunststoff kauft, sollte jedoch darauf achten, dass der Blumenkübel aus recyceltem Kunststoff besteht. Dies macht diesen Kauf zwar nicht vollkommen nachhaltig, es ist jedoch ein Schritt in die richtige Richtung. Der große Vorteil von Blumenkübeln aus Plastik ist nicht nur, dass sie sehr günstig sind, sondern auch, dass sie lange halten und robust sind.

Heutzutage gibt es viele Stecksysteme, die man in Fachgeschäften oder im Internet kaufen kann. Diese Stecksysteme vereinen bereits mehrere Blumenkübel zu einem großen Hochbeet. Einige dieser Stecksysteme werden mit Blumenkübeln darin geliefert. Bei anderen Systemen muss man selbst die Blumenkübel hinzukaufen. Wer will, kann sich auch selbst jederzeit solch ein Stecksystem bauen. Die meisten dieser Stecksysteme verlaufen vertikal. Einige Systeme sind Stufensysteme, andere gehen senkrecht nach oben und haben mehrere Ebenen.

Wer keine vertikalen Systeme oder Stufensysteme kaufen möchte, kann sich ein Gestell für den Blumenkübel selbst bauen. Die meisten Hobbygärtner, die ein Hochbeet aus nur einem einzigen Blumenkübel bauen, müssen sich bücken, um das Beet pflegen zu können. Stellt man sich das Beet jedoch auf eine Unterkonstruktion, kann man viel entspannter seine Arbeit am Beet verrichten.

Hochbeet ist jedoch nicht gleich Hochbeet. Es gibt Hochbeete in groß und klein. Wer Hochbeete im Internet bestellt, sollte nie vergessen, dass die Pflanzen in Hochbeeten eine beträchtliche Größe annehmen können. Wenn man beispielsweise Tomaten anpflanzt, kann man davon ausgehen, dass die Pflanze mindestens einen Meter hoch wird. Besonders große Pflanzen können sogar zwei Meter groß werden. Um keine unangenehme Überraschung zu erleben, sollte man sich daher immer im Vorhinein informieren, wie groß die Pflanzen werden und welche Ausmaße sie annehmen könnten.

Zudem sollte man sich fragen, wie viele Ebenen man in seinem Hochbeet haben möchte. Reicht eine Ebene, möchte man zwei, drei oder vielleicht lieber sogar vier Ebenen haben? Je mehr Ebenen, desto mehr Gemüse. Gerade Familien könnten davon profitieren, mehrere Ebenen im Hochbeet zu haben, während für Einzelpersonen bereits meist ein Kübel auf einer Ebene ausreicht.

6.2 Schritt - für - Schritt - Aufbau eines Mini-Hochbeets

© All Is Amazing - Shutterstock.com

Die erste Schicht eines Hochbeets besteht meist aus kleinen Kieselsteinen und Tonscherben sowie Zweigen. Sobald man diese Schicht im Kübel platziert hat, kippt man eine Schicht Erde über sie. Die zweite Schicht im Kübel besteht aus kompostierten Pflanzenresten. Diese erzeugen beim Kompostieren Wärme und helfen den Pflanzen dadurch schneller zu wachsen. Zudem liefern sie die Nährstoffe für die über ihnen befindlichen Pflanzen. Die dritte und letzte Schicht besteht aus ganz normaler Erde. In dieser Erde wird die Saat platziert.

Nun stellt sich jedoch noch die Frage, wie ein Hochbeet aus Blumenkübeln bepflanzt werden soll. Für Minibeete eignet sich zum Beispiel Kohl. Durch die Wärme, die in der zweiten Schicht entsteht, kann Kohl in einem Hochbeet oft noch bis in den Januar hinein geerntet werden. Auch andere Gemüsesorten wie Tomaten oder Gurken lassen sich anpflanzen. Spinat und verschiedene Salatsorten gehören zu den Favoriten vieler Hobbygärtner.

Um seine Pflanzen in kälteren Monaten zu schützen, kann man sie zudem mit Laub oder anderem pflanzlichen Material bedecken. Die Pflanzen werden dadurch nicht nur vor der Kälte geschützt, sondern der Komposteffekt des Pflanzenmaterials sorgt dafür, dass die Pflanzen mehr Wärme und mehr Nährstoffe erhalten.

6.3 Wartung eines Mini-Hochbeets

Mini-Hochbeete sind vom Arbeitsaufwand her kaum vergleichbar mit einem Indoor-Garten oder einem Smart-Garten. Während man bei einem Indoor-Garten den EC-Wert misst, sich mit dem pH-Wert auseinandersetzt und technisches Verständnis mitbringen muss, sind die Aufgaben bei einem Beet aus Blumenkübeln sehr viel einfacher.

Die Hauptaufgabe bei der Wartung eines Mini-Hochbeetes besteht darin, den Pflanzen immer genug Wasser und Licht zuzuführen und sie zu pflegen. Natürlich sollte man auch die Erntezeit im Hinterkopf behalten und abgestorbene Triebe abschneiden.

Neben diesen Aufgaben kommen auf einen jedoch auch Aufgaben zu, die zu bestimmen Jahreszeiten erledigt werden müssen. Hochbeete füllt man nämlich normalerweise im Frühling. Zu dieser Zeit sollte man auch die Aussaat vornehmen.

Im Sommer muss man sein Hochbeet regelmäßig wässern. Wer möchte, kann zu dieser Zeit des Jahres sein Hochbeet auch düngen. In diesem Fall muss keineswegs auf synthetischen Dünger zurückgegriffen werden. Natürliche Dünger reichen an dieser Stelle vollkommen aus.

Wenn man die Saat in das Beet einpflanzt, sollte man zudem immer auf den Nährstoffbedarf achten. Besonders wenn man sein Beet dicht bepflanzt und viele Pflanzen mit einem hohen Nährstoffbedarf hat, könnte es zu Problemen kommen. Im Gegensatz zu herkömmlichen Beeten kann man Hochbeete aufgrund der besonderen Schichtung stärker bepflanzen. Dieser Umstand sollte jedoch auch nicht mehr als nötig ausgereizt werden. Dieser Effekt kann nämlich auch umschlagen, sodass bei Überpflanzung der Nährstoffbedarf vieler Pflanzen nicht gedeckt wird.

Im Herbst erntet man die Früchte seiner Saat und kümmert sich darum, das meiste aus den Pflanzen herauszuholen. Darunter versteht man, dass tote Triebe abgeschnitten werden und gegebenenfalls verblühte Blüten entfernt werden.

Bis in den Januar hinein können viele Kohlsorten im Hochbeet geerntet werden. Dies werden jedoch auch die letzten Pflanzen sein, die man in diesem Anbauzyklus ernten kann. Nachdem der Kohl geerntet wurde, sollte man das Beet abdecken. Anschließend kann man, wenn man möchte, schon direkt das kommende Jahr planen.

Ein Hochbeet aus Blumenkübeln einen Großteil des Jahres zu bepflanzen ist absolut kein Problem. Man muss sich jedoch bewusst darüber werden, wann man welche Gemüsesorten anbauen möchte. Bis auf wenige Monate ist es dadurch möglich, frisches Gemüse zu sich zu nehmen.

Zusammenfassend kann man sagen, dass Hochbeete aus Blumenkübeln weniger aufwendig in der Wartung sind als Indoor-Gärten. Die Wartung vieler Indoor-Gärten erfordert zudem einiges an technischem Verständnis. Ein Kübel benötigt dies nicht.

Wenn man erst einmal ein System aus Pflanzen und Jahreszeiten für sich selbst entwickelt hat, kann man dieses jedes Jahr anwenden und schafft es dadurch, mit wenig Aufwand rund ums Jahr frisches Gemüse ernten zu können. Und selbst wenn man kein ausgeklügeltes System hat, kann man immer noch zu bestimmten Jahreszeiten die Gemüsesorten anpflanzen, die man gerne auf dem Teller haben möchte.

7. Kapitel: Pflanzen für einen Indoor-Garten

7.1 Microgreens

© iStock.com - Jaume Capella Villalonga

Microgreens sind in aller Munde. Was versteht man jedoch unter Microgreens und wie kompliziert ist es, Microgreens anzupflanzen? Microgreens sind kleine grüne essbare Pflanzen. Dazu gehören beispielsweise Koriander, Basilikum oder auch Grün- und Rotkohl. Die meisten von uns haben schon einmal Microgreens angepflanzt, ohne dies zu wissen. In der Schule oder zu Hause mit den Eltern hat so gut wie jeder in der Kindheit Kresse angepflanzt. Manchmal mit mehr, manchmal mit weniger Erfolg.

Microgreens anzupflanzen ist nicht schwer. Es bedarf nur der richtigen Strategie. Die meisten Microgreens werden in Indoor-Smart-Gärten angepflanzt. Vor allem Box-Smart-Gärten sind heutzutage in dieser

Hinsicht besonders beliebt. Diese fast vollkommen automatischen Indoor-Gärten erlauben es jedem, Microgreens auf dem Küchentisch zu haben und sie rund ums Jahr anzupflanzen.

Welche Vorteile hat es jedoch, Microgreens anzupflanzen? Die meisten Menschen bauen Microgreens nicht zwingend an, um Geld zu sparen. Ihnen geht es darum, direkten Zugang zu gesunden Lebensmitteln zu haben. Es bereitet zudem vielen Menschen Freude, etwas gedeihen zu sehen. Viele nutzen Microgreens zudem, um ihr Essen aufzuwerten. Viele Geschäfte haben nämlich nicht rund ums Jahr frischen Koriander oder frisches Basilikum im Angebot. Mit einem Smart-Garten können Microgreens rund ums Jahr angebaut und verzehrt werden. Viele Eltern pflanzen zudem Microgreens an, um ihren Kindern zu zeigen, wie viel Freude es einem bereiten kann, gesund zu leben und nachhaltig Gemüse anzupflanzen. Neben all diesen Vorteilen spielt für viele natürlich auch die optische Komponente eine große Rolle. Eine kleine grüne Oase im Essbereich zu haben, ist für viele etwas Besonderes und ist ein Hingucker für Gäste.

Ein weiterer Grund, warum viele Leute Microgreens anbauen, ist, weil sie gerne grüne Smoothies zu sich nehmen. Smart-Gärten eignen sich perfekt für den Anbau der Microgreens. Viele Gemüsesorten lassen sich schnell anbauen, benötigen kaum Pflege und lassen sich auch schnell wieder ernten. Besonders in Food Bowls und gesunden Smoothies machen sich Spinat und Rucola sowie Kresse oder Grünkohl gut. Anstatt dem morgendlichen Kaffee entscheiden sich viele Leute heutzutage für einen gesunden Smoothie direkt aus ihrem Smart-Garten.

Microgreens können jedoch nicht nur in einem Smart-Garten angebaut werden. Aufzuchtschalen reichen vollkommen aus, um Microgreens anbauen und ernten zu können. Diese Schalen kann man in jedem

Fachhandel kaufen oder auch selbst basteln. Microgreens können auf herkömmlicher Pflanzenerde oder in Keimschalen eingepflanzt werden. Das Saatgut muss leicht in die Erde gedrückt und anschließend regelmäßig befeuchtet werden. Bestenfalls benetzt man die Ernte zwei Mal am Tag mit einer Sprühflasche mit Wasser. Anschließend deckt man die Microgreens ab und stellt sie auf eine Fensterbank. Schon nach einigen Tagen kann man bei vielen Microgreens die ersten Pflanzen erkennen. Nun kann man die Abdeckung entfernen. An dieser Stelle muss man jedoch darauf achten, dass die Erde samt der Saat nicht anfängt zu schimmeln. Sobald Schimmel zu sehen ist, kann der komplette Inhalt der Aufzuchtschale weggeworfen werden.

7.2 Kräuter

Kräuter sind eines der beliebtesten Microgreens. Im Gegensatz zu den meisten Gemüsesorten und Salaten sind Kräuter recht teuer im Einkauf. Genau aus diesem Grund bauen viele Menschen Kräuter in ihrem heimischen Smart-Garten an. Im Folgenden wollen wir uns mit einigen Kräutern beschäftigen, die man als Microgreens in einem Smart-Garten jederzeit anpflanzen kann.

Kresse: Kresse eignet sich perfekt für Indoor-Gärten und Smart-Gärten. Kresse wird gerne in der Küche verwendet. Einige legen sich morgens ein wenig Kresse auf den Frischkäse, andere nutzen Kresse für ihre gesunden Smoothies. Bereits kleine Mengen Kresse reichen aus, um einen starken Kressegeschmack in Speisen zu erzeugen. Der Geschmack von Kresse ist mit dem von Senf zu vergleichen. Auch eine gewisse Schärfe ist bei einigen Kressesorten zu schmecken. Unter dem üblichen Begriff „Kresse" verbergen sich mehrere Arten von Kresse, darunter die Gartenkresse, Brunnenkresse und Kapuzinerkresse. Die Kresse, die die meisten Leute in ihren Indoor-

Gärten anpflanzen, ist die Kapuzinerkresse. Diese zeichnet sich vor allen Dingen dadurch aus, dass sie leicht angebaut werden kann.

Petersilie: Petersilie ist eines der beliebtesten Würzkräuter in der deutschen Küche und lässt sich in vielen Gerichten finden, darunter in Suppen, Eintöpfen oder auch als Garnitur. Der Geschmack von Petersilie kann als würzig-frisch, aber gleichzeitig auch etwas süßlich beschrieben werden. Nicht nur in der deutschen Küche wird Petersilie gerne verwendet. Weltweit nutzen viele Kulturen dieses Gewürz bereits seit Jahrtausenden. Petersilie eignet sich perfekt für Indoor-Gärten und kann ohne große Probleme angepflanzt werden.

Dill: Dill ist ein weiteres sehr beliebtes Würzkraut. Viele Leute nutzen Dill für ihr Pesto, für Suppen, Soßen oder auch zum Fisch. Dill hat einen milden, krautigen Geschmack, der nicht jedermanns Geschmack ist. Besonders in der deutschen Küche wird Dill verwendet. Oftmals wird Dill auch verwendet, um Gerichte zu verfeinern und Gerichte mit Kartoffeln zu ergänzen.

Koriander: Man liebt Koriander oder man hasst ihn. Dieses Kraut, das vor allen Dingen in der asiatischen Küche häufig verwendet wird, hat seine Freunde und Feinde. Der etwas seifige, jedoch sehr frische und aromatische Geschmack macht Koriander zu einem besonderen Gewürz, das vielseitig einsetzbar ist. Koriander passt vor allen Dingen zu Gerichten mit Rindfleisch. In der asiatischen Küche wird Koriander oft auch als Dekoration für Gerichte verwendet. Wer Koriander im Smart-Garten anpflanzt, könnte viel Geld sparen. In vielen Supermärkten wird das Kraut nämlich aufgrund seiner Verderblichkeit mit einem Aufpreis verkauft.

Basilikum: Basilikum ist ein weiteres Kraut, das viele Menschen in Deutschland gerne zum Kochen verwenden. Das Kraut findet sich vor allen Dingen in der italienischen Küche wieder und kann vielseitig eingesetzt werden. Pesto lässt sich beispielsweise aus Basilikum herstellen. Für

Tomate mit Mozzarella wird Basilikum gebraucht und auch in jeder guten Tomatensoße befindet sich Basilikum. Basilikum hat einen eher kräftigen Geschmack mit einer leicht bitteren Note.

Minze: Ob in Süßspeisen, im Getränk oder in herzhaften Gerichten - Minze kann praktisch überall verwendet werden. Besonders im Mittleren Osten und Indien wird Minze in vielen Gerichten verwendet. In Indien wird Minze zum Beispiel in Salaten verwendet. In vielen Ländern des Mittleren Ostens wird Minze zudem in Lammgerichten verwendet. Der Geschmack kann als erfrischend bis scharf beschrieben werden.

Dies sind nur einige von vielen Kräutern, die man in seinem Indoor-Garten anpflanzen kann. Jedes dieser Kräuter ist anders beschaffen und benötigt individuelle Pflege, sei es im Hinblick auf die Bewässerung, Hell- und Dunkelphasen als auch den Nährboden.

7.3 Salate

© atta0107 - Shutterstock.com

Indoor-Gärten

Nicht nur Kräuter können in Indoor-Gärten angepflanzt werden. Viele Leute entscheiden sich neben Kräutern auch für Salate. Wer gerne Salat isst oder gerne gesunde Smoothies zubereitet, hat immer Bedarf an frischem Salat. Obwohl die meisten Salatsorten recht günstig im Einkauf sind, kann der große Vorteil, Salate anzubauen, darin bestehen immer die beste Qualität zu bekommen. Außerdem werden manche Salatsorten nicht in Supermärkten angeboten und müssen daher zu Hause angebaut werden.

Wer gerne gesunde Smoothies zu sich nehmen möchte, sollte Feldsalat oder Kopfsalat anbauen. Diese werden gerne neben Kräutern, Obst und einigen Gemüsesorten in gesunden Smoothies verarbeitet. Ein gesunder oder grüner Smoothie ist praktisch ein pürierter Salat, zu dem oftmals auch noch Ingwer, Honig, Superfoods oder Gewürze hinzugegeben werden. Viele Menschen trinken diese direkt am Morgen anstelle eines Frühstücks oder zwischendurch, um genügend Vitamine und Mineralien zu sich zu nehmen.

Salat könnte jedoch auch in herkömmlicher Weise verwendet werden. Eisbergsalat, Römersalat und Kopfsalat sind Klassiker und werden zu jeder Jahreszeit in Deutschland gegessen.

Wer keine Smoothies trinken möchte und Salate nicht in herkömmlicher Form zu sich nehmen will, kann ihn zudem als Low Carb Alternative zu Brot und Beilagen verwenden. Gesunde Wraps und gefüllte Salattaschen liegen heutzutage voll im Trend. Selbst einige Fast Food Restaurants bieten heutzutage die Möglichkeit an, Burger mit Salat zu umwickeln, anstatt Brötchen zu verwenden. Wer ein wenig kreativ ist und gerne Salat isst, kann durch diese Strategien nicht nur gesünder leben, sondern auch Gewicht verlieren.

Viele Salate werden in hydroponischen Systemen angepflanzt. Wer also einen hydroponischen Indoor-Garten besitzt, kann schon bald die ersten Salate ernten. Natürlich lassen sich Salate aber auch in Box-Gärten, vertikalen Gärten, Smart-Gärten oder auch in Hochbeeten aus Blumenkübeln anpflanzen. Unterschiede bei der Qualität der Pflanzen gibt es nicht. In manchen herkömmlichen Indoor-Gärten dauert der Anbau jedoch ein wenig länger, weil womöglich die Pflanze nicht genug Licht oder nicht genügend Wasser bekommt. Dies kann in Einzelfällen dazu führen, dass die Pflanze langsamer wächst oder weniger prächtig wird. Das Blattwerk ist dann weniger stark ausgeprägt.

Welche Salate lohnen sich für Indoor-Gärten?

Eisbergsalat: Eisbergsalat ist der Klassiker unter den Salaten. Ob mit Senfdressing, etwas Feta-Käse oder auf kreative Art mit Schmand und Zitrone - Eisbergsalate sind vielseitig einsetzbar. Obwohl der Eisbergsalat im Vergleich zu anderen Salaten manchmal einen etwas schlechteren Ruf genießt, steckt er dennoch voller Vitamine und Mineralstoffe. Im Gegensatz zu vielen anderen Salaten bleibt der Eisbergsalat für lange Zeit frisch und kann daher auch nach mehreren Tagen noch gegessen werden.

Kopfsalat: Kopfsalat steckt voller Vitamin C und Beta-Carotin und sollte auf keiner Speisekarte fehlen. Kopfsalat ist eine der beliebtesten Salatsorten und kann in praktisch jedem Supermarkt gefunden werden. Kopfsalat zu Hause anzubauen hat den Vorteil, dass er immer frisch genossen werden kann. Aber Achtung, Kopfsalat sollte alsbald verzehrt werden. Kopfsalat kann schnell faulen und wird dadurch ungenießbar.

Römersalat: Ob mit etwas Mozzarella und Tomate oder Hühnchenstreifen und Croûtons. Römersalat wird gerne und häufig gegessen. Römersalat enthält wie viele Salatsorten Vitamin C. Im Gegensatz zu anderen Salaten steckt in Römersalat auch ein wenig Vitamin B. Im Gegensatz zum Eisbergsalat hat der Römersalat einen etwas stärkeren Eigengeschmack. Dennoch kann er vielseitig eingesetzt und kombiniert werden.

7.4 Gemüse

© asharkyu - Shutterstock.com

Neben Salaten und Kräutern pflanzen viele Hobbygärtner selbstverständlich auch Gemüse in ihren Indoor-Gärten an. Dem eigenen Einfallsreichtum sind diesbezüglich keine Grenzen gesetzt. Von exotischen Gemüsesorten bis hin zu altbekannten Klassikern - in Indoor-Gärten tummelt sich vieles.

Bevor man Gemüsesorten in einem Indoor-Garten anpflanzt, sollte man sich mit folgenden Faktoren auseinandergesetzt haben:

1. Verwendung: Ein Indoor-Garten sollte Spaß machen und einem dabei helfen, gesünder zu leben. Wer bereits gesunde Essgewohnheiten hat, sollte sich diese einmal genauer anschauen. Welches Gemüse, welche Salate und welche Kräuter nimmt man häufig zu sich? Diese Gemüsesorten, Kräuter und Salatsorten lohnt es sich anzubauen. Wer noch keine gesunden Essgewohnheiten hat, sollte sich überlegen, welches Gemüse er benötigt, um gesünder leben zu können. Welches Essen schmeckt einem und welche Gemüse-, Kräuter- oder Salatsorten benötigt man, um diese gesunden Mahlzeiten zubereiten zu können? Viele Menschen orientieren sich bei der Wahl der Gemüsesorten an Erfahrungsberichten aus dem Internet. Dies ist nur empfehlenswert, wenn sich die Erfahrungswerte im Einklang mit der eigenen Zielvorstellung befinden. Wer nämlich Gemüsesorten im Indoor-Garten anbaut, die er gar nicht isst, wird nach kurzer Zeit bereits die Freude an seinem Indoor-Garten verlieren und wird kiloweise pflanzliches Material in die Mülltonne werfen.

2. Aussehen und Größe der Pflanze: Man sollte Gemüse nicht nur anpflanzen, weil es schön aussieht oder interessant nach oben rankt. Das Hauptziel sollte sein, einen funktionierenden Indoor-Garten zu schaffen, der optimales Pflanzenwachstum ermöglicht. Bevor man Pflanzen in den Indoor-Garten pflanzt,

sollte man sich überlegen, warum es gerade diese Pflanzen sein sollen und ob sich diese Pflanzen überhaupt für einen kleinen Indoor-Garten eignen. Große Kürbisse in einem kleinen Kübel anzupflanzen oder über einen Meter hohe Tomatensträucher in der eigenen Wohnung stehen zu haben, könnte eine schlechte Idee sein.

Eine Vielzahl von Gemüsesorten können in einem Indoor-Garten angepflanzt werden. Im Folgenden wollen wir uns mit einigen von diesen Sorten beschäftigen.

Tomaten: Tomaten sollte man nur anpflanzen, wenn man genug Platz hat. Tomatenpflanzen können schnell über einen Meter hoch und recht breit werden. Genau aus diesem Grund empfiehlt es sich, große Blumenkübel zu kaufen, um Tomaten anzupflanzen. Zu kleine Töpfe führen dazu, dass sich die Pflanze nicht richtig entwickeln kann. Die Pflanze könnte zudem instabil werden und umkippen. Beim Anbau sollte man darauf achten, die Tomaten regelmäßig zu gießen. Es kann zudem helfen, den Nährboden zu kalken. Wer keinen Dünger verwenden möchte, kann auch zerstoßene Eierschalen verwenden. Durch den Kalk wachsen die Pflanzen schneller und tragen mehr Früchte.

Bohnen: Bohnen dürfen in keinem Indoor-Garten oder Hochbeet fehlen. Gerade in vertikalen Hochbeetkonstruktionen sind Bohnen besonders beliebt. Diese ranken nämlich den Kübel hinunter und hübschen dadurch das Hochbeet auf. Mini-Hochbeete mit Blumenkübeln eigenen sich besonders, weil über die Kübel das überschüssige Wasser abfließen kann. Wer gerne Bohnen isst oder sie weiterverarbeitet, wird daher große Freude an Hochbeeten aus Blumenkübeln haben.

Gurken: Gurken brauchen im Gegensatz zu vielen anderen Gemüsesorten recht viel Fläche. Dieser Umstand sollte bedacht werden, bevor man andere Pflanzen in die Nähe der Gurken pflanzt. Das Wachstum dieser Pflanzen könnte später nämlich durch die Gurken eingeschränkt werden. Bei Gurken empfiehlt es sich genau wie bei Tomaten eher große Beete anzulegen, um ein optimales Pflanzenwachstum sicherzustellen.

Neben diesen Gemüsesorten können selbstverständlich noch viele weitere Sorten angepflanzt werden. Es empfiehlt sich, mit einfachen Sorten zu beginnen und sich mit der Zeit an anspruchsvollere Sorten heranzuarbeiten. Zudem sollte man anfangs nicht zu viel pflanzen. Am besten beginnt man mit einem Kübel oder einer hydroponischen Einrichtung. Jahr für Jahr können weitere Beete und weitere Kübel hinzugefügt werden.

8. Nachhaltigkeit

© Fokussiert - stock.adobe.com

8.1 Fehlende Nachhaltigkeit bei Indoor-Gewächshäusern

Viele Leute kaufen sich Indoor-Gewächshäuser, weil sie davon ausgehen, dass diese eine nachhaltige Alternative zu gekauftem Gemüse sind. Für die meisten Gewächshäuser stimmt das auch. Es gibt jedoch einige Fettnäpfchen, in die man treten kann, wenn man Gewächshäuser kauft und betreibt.

Gewächshäuser, die alleinig durch Sonneneinstrahlung funktionieren, sind jeglichen anderen Gewächshäusern vorzuziehen, die Strom benötigen, um Wärme zu erzeugen. Gewächshäuser, die Strom benötigen, werden meist verwendet, um rund ums Jahr Gemüse und andere Pflanzen anbauen zu können. Sicherlich ist es angenehm, kaum auf die Jahreszeiten achtgeben zu müssen und einfach die Gewächshausheizung anzuwerfen. Was die meisten

Hobbygärtner in diesem Moment jedoch vergessen, ist das CO_2, das sie durch das Anwerfen und den Betrieb der Heizung erzeugen. Wer ein nachhaltiges Gewächshaus betreiben möchte, sollte daher auf Heizungen aller Arten so gut wie verzichten. Heizung ist jedoch nicht gleich Heizung. Es gibt unterschiedliche Arten von Gewächshausheizungen, welche mehr oder weniger umweltfreundlich sind. Man differenziert hauptsächlich zwischen drei Arten von Gewächshausheizungen. Die erste Art ist die elektrische Gewächshausheizung. Die Funktionsweise dieser Art der Heizung ist recht simpel. Man nimmt den Stecker vom Gerät, steckt ihn in die Steckdose und Wärme wird anschließend durch die Heizung erzeugt. Diese Wärme kann selbstverständlich angepasst werden, sodass man jede erdenkliche Gemüseart im Sommer als auch im Winter anpflanzen kann. Mit dieser Methode kann auch während des Winters frisches Gemüse angebaut und geerntet werden.

Solche Gewächshausheizungen können bereits für wenige hundert Euro eingekauft werden. Sie können praktisch überall eingesetzt werden und haben eine lange Lebenszeit. Selbst auf einem Balkon können sie ohne Probleme betrieben werden. Diese Art der Gewächshausheizung zeichnet sich vor allen Dingen durch ihre geringe Lautstärke aus. Die eigenen Nachbarn werden diese Art der Heizung nicht hören und auch Wartungen müssen selten vorgenommen werden.

Auf den ersten Blick erzeugt solch eine Heizung kein CO_2. Man sollte jedoch, wenn man einen Stromanbieter auswählt, darauf achten, dass man keinen Strom aus fossilen Brennstoffen, sondern aus größtenteils erneuerbaren Energien bezieht. Nur so kann die Ökobilanz dieser Art der Gewächshausheizung verbessert werden.

Bei der zweiten Art von Gewächshausheizung handelt es sich um die gasbetriebene Gewächshausheizung. Um solch eine Heizung betreiben zu können, muss man regelmäßig Gasflaschen kaufen und diese in die Anlage einbauen. Beim Betrieb der gasbetriebenen Gewächshausheizung wird neben Müll auch viel CO2 produziert. Dieser Umstand macht diese Option zu einer der am wenigsten umweltfreundlichen Alternativen. Besonders der Müll, der durch die Gasflaschen erzeugt wird, sollte in diesem Zusammenhang nicht unterschätzt werden. Gasbetriebene Gewächshausheizungen sind im Einkauf normalerweise teurer als elektrisch betriebene Gewächshausheizungen. Der Preis für Gas ist jedoch sehr viel geringer als der Preis für Strom. Dies macht gasbetriebene Gewächshausheizungen besonders attraktiv für die Leute, die größere Gewächshäuser anlegen wollen.

Die dritte Option sind solarbetriebene Gewächshausheizungen. Diese Art der Gewächshausheizung ist die wahrscheinlich umweltfreundlichste aus diesen drei Arten. Es wird nämlich beim Betrieb kein CO2 ausgestoßen und auch kein Strom aus der Steckdose verbraucht. Jeglicher Strom wird über Solarpaneele geliefert, die am Gewächshaus angebracht werden können. Wer nachhaltig ein Gewächshaus aufbauen möchte, sollte diese Art der Heizung bevorzugen.

Ein weiterer Faktor, den man bedenken sollte, ist die Dämmung des Gewächshauses. Wird das Gewächshaus nicht ausreichend gedämmt, entweicht unnötig viel Energie, die anschließend in Form von beispielsweise einer solarbetriebenen Gewächshausheizung wieder hinzugeführt werden muss. Besonders wenn es draußen kalt wird und man sein Gewächshaus auf der Terrasse stehen hat, könnte es dazu kommen, dass die Pflanzen erfrieren und absterben. Gängige Dämmungen sind herkömmliche Luftpolsterfolien, eingeschnittene Abdeckplanen oder auch spezielle Matten. Diese sorgen dafür, dass die Temperatur im Gewächshaus konstant bleibt. Auch bei der Wahl der Dämmung sollte man auf nachhaltige Materialien setzen und den eigenen Plastikverbrauch so weit es geht reduzieren.

Je weniger Müll ein Gewächshaus erzeugt, desto besser. In einem Gewächshaus entsteht viel organisches Material. Dieses wiederzuverwenden ist das A und O. Ein Kompost ist die Lösung. Viele Hobbygärtner schmeißen lieber organisches Material weg, anstatt sich die Mühe zu machen, einen Kompost aufzubauen. Um nachhaltig gärtnern zu können, sollte dies jedoch dringlichst getan werden. Alle Materialien in einem Gewächshaus sollten so oft wie möglich benutzt werden. Wenn möglich, sollte man sich zudem gegen Plastikprodukte und für Produkte aus Holz entscheiden.

Auch die Nutzung von Regenwasser kann dabei helfen, den Wasserverbrauch von Gewächshäusern zu decken. Besonders in warmen Regionen wird viel Wasser für Gewächshäuser benötigt. Regen aufzufangen und diesen für das Gewächshaus zu nutzen, könnte die Nachhaltigkeit des Systems verbessern und den ökologischen Fußabdruck reduzieren.

Wer ein Gewächshaus baut, wird sich früher oder später auch mit dem Thema der Düngung auseinandersetzen müssen. Seine Pflanzen zu düngen ist nichts Schlechtes, wenn nachhaltige Düngemittel verwendet werden. Wer seinen ökologischen Fußabdruck reduzieren möchte, sollte auf synthetische Düngemittel verzichten. Natürliche Düngemittel reichen vollkommen aus und sind weniger schädlich für die Natur und den Menschen.

Abschließend sollten zudem in diesem Hinblick auch noch Pestizide genannt werden. Diese sind weder nachhaltig noch gesund. Dennoch werden sie in vielen professionellen Gewächshäusern sowie in den Gewächshäusern von Hobbygärtnern verwendet. Wenn möglich, sollte man probieren, auf Pestizide in jeglicher Form zu verzichten. Wenn Schädlinge im Gewächshaus auf den Pflanzen zu finden sind, sollte man die befallenen Pflanzen entfernen oder mit natürlichen Mitteln behandeln. Der Griff zur Sprühflasche mit Pestiziden ist nicht immer nötig oder von Vorteil.

8.2 Die Bedeutung von Jahreszeiten für Indoor-Gärten

Jahreszeiten haben eine Vielzahl an Auswirkungen auf Indoor-Gärten. Jahreszeiten bestimmen die Temperatur und die Lichtverhältnisse. Während im Sommer die Temperatur höher ist und die Pflanzen nicht überhitzen sollen, wird im Winter darauf geachtet, dass die Pflanzen nicht zu kühl stehen und genug Licht bekommen. Im Sommer scheint im Vergleich zum Herbst beispielsweise öfter die Sonne, wodurch die Pflanzen besser wachsen können. Hell- und Dunkelphasen einzuhalten ist von größter Bedeutung für das Anbauen von Pflanzen in einem Indoor-Garten. Viele Pflanzen brauchen im Schnitt acht bis zehn Stunden Sonne pro Tag, um wachsen zu können. Im Winter oder an verhangenen Herbsttagen kann dies zum Problem werden. Die Jahreszeiten diktieren das Verhalten des Hobbygärtners. Dieser muss nämlich rund ums Jahr sicherstellen, dass die Pflanzen gut versorgt werden und gesund sind.

Die Bedeutung der Jahreszeiten ist für jeden Hobbygärtner eine andere. Auf beheizte Gewächshäuser und bestimmte Box-Gärten haben die Jahreszeiten beispielsweise kaum einen Einfluss. Dasselbe gilt auch für viele hydroponische Indoor-Gärten. Diese können mit Vollspektrum-LEDs rund ums Jahr betrieben werden und brauchen in vielen Fällen noch nicht mal zwingend Sonnenlicht. Wer hingegen ein Hochbeet aus Blumenkübeln aufbaut oder ein Gewächshaus ohne Heizung betreibt, muss sich ständig mit den Jahreszeiten beschäftigen, da bestimmte Pflanzen nur zu bestimmten Zeiten ausgesät, beschnitten oder geerntet werden dürfen.

Viele Hobbygärtner entwickeln daher eine Art Kalender, in welchem sie festhalten können, wann die Pflanze ausgesät werden muss, wann man sie düngen und wann man sie ernten sollte. Diese Kalender helfen vielen dabei, einen Überblick über die Pflanzen und die Pflege des Indoor-Gartens zu erhalten.

Zusammenfassend kann man sagen, dass die Jahreszeiten von einigen Hobbygärtnern fast ignoriert werden können, während sie für andere von größter Bedeutung sind. Wer rund ums Jahr Gemüse, Kräuter und Salate ernten möchte, sollte sich für Systeme entscheiden, die kaum abhängig von den Jahreszeiten sind.

8.3 Wie betreibt man einen Indoor-Garten möglichst nachhaltig?

© Alexey Kirillov - stock.adobe.com

Um einen Indoor-Garten möglichst nachhaltig betreiben zu können, muss man zuerst einmal die Entscheidung treffen, dies wirklich tun zu wollen. Einen Indoor-Garten nachhaltig zu gestalten, bedeutet in einigen Fällen nämlich mehr Geld ausgeben zu müssen oder mehr Zeit in den Garten investieren zu müssen. Am Anfang steht daher immer die Entscheidung, tatsächlich einen Beitrag zu einer besseren Umwelt zu leisten. Das Ziel ist es daher nicht nur einen Garten anzupflanzen, sondern wenig Müll zu produzieren, wenig oder keinen Strom zu verbrauchen, zu kompostieren, wenig CO_2 zu produzieren und effizient den Garten zu führen.

Nachdem die Entscheidung getroffen wurde, den Indoor-Garten nachhaltig zu führen, sollte man mit der Planung des Gartens beginnen. Bei der Planung sollte beachtet werden, dass das System voll funktionsfähig ist und möglichst wenig CO_2 produziert. Dies gilt übrigens auch für die Anlieferung der Produkte. Wer beispielsweise einen Smart-Garten kauft, sollte sich diesen nicht aus Übersee schicken lassen, sondern sollte eher auf lokale Händler und Fachgeschäfte setzen. Die Elemente des Indoor-Gartens sollten, soweit es möglich ist, aus plastikfreien Materialien bestehen. Dies ist natürlich nicht immer möglich. Wenn man Plastikprodukte vermeiden kann, sollte man sich jedoch die Mühe machen und plastikfreie Produkte kaufen.

Wer ein Gewächshaus mit Heizung bauen möchte, sollte zudem auf nachhaltige Lösungen in diesem Bereich achten. Fotovoltaikanlagen, bestehend aus kleinen Solarpaneelen, bieten sich für alle Leute an, die ohne Strom aus der Steckdose oder Gas ihr Gewächshaus beheizen wollen. Das Gleiche gilt für LED-Lampen in Indoor-Gärten. LED-Lampen sind nämlich sehr viel energiesparender als vergleichbare Strahler. Vollspektrum-LEDs sind hinsichtlich dieses Gesichtspunktes daher die bessere Wahl.

Als Nächstes beginnt man mit dem Aufbau. Wer hydroponische Indoor-Gärten aufbaut, sollte auf die Nachhaltigkeit des Substrats achten. Dieses sollte wiederverwendbar sein und sollte nicht verrotten können. Beim Einkauf von Substraten und anderen Elementen für ein hydroponisches System sollte daher immer auf die Wiederverwendbarkeit geachtet werden. Beim Aufbau des in diesem Buch beschriebenen Systems für einen hydroponischen Indoor-Garten wird technisches Gerät benötigt. Anstatt dieses neu im Fachgeschäft zu kaufen, kann man sich dieses auch ausleihen und dadurch Kosten sparen als auch weniger Müll erzeugen.

Nachdem der Indoor-Garten, das Mini-Hochbeet oder das Gewächshaus aufgebaut wurde, muss erst einmal gewartet werden. Die Pflanzen beginnen zu wachsen und werden schon bald den ersten organischen Müll produzieren. Diesen zu kompostieren oder korrekt zu entsorgen ist das A und O, um den Garten nachhaltig betreiben zu können. Weiterhin ist der Stromverbrauch im Auge zu behalten. Der Strom sollte, soweit es geht, aus erneuerbaren Quellen kommen und der Verbrauch sollte nicht übermäßig hoch sein. Wer kann, sollte zudem natürliche Wege finden, um den Garten zu dämmen und damit dafür zu sorgen, dass weniger Strom verbraucht wird.

Auch das Sprühen von Pestiziden sei an diesem Punkt erwähnt. In vielen Gewächshäusern sowie einigen Indoor-Gärten kommen diese zum Einsatz. Düngemittel sowie Pestizide sollten natürlichen Ursprungs sein oder sollten nicht verwendet werden.

Der wichtigste Aspekt ist jedoch, dass man alle Pflanzen, die man anpflanzt, verspeist oder zumindest die Früchte nutzt und den Rest der Pflanze kompostiert. Wer einen Indoor-Garten aufbaut, ein Mini-Hochbeet errichtet oder ein Gewächshaus plant, kann nur dann nachhaltig leben, wenn er die Früchte seiner Arbeit nicht wegwirft. Ansonsten war die ganze Arbeit umsonst. Erst wenn dies gegeben ist, kann man die Einrichtung als tatsächlich nachhaltig bezeichnen.

Einen nachhaltigen Indoor-Garten aufzubauen ist nicht leicht. Es bedarf vielen Überlegungen und viel Arbeit, um den eigenen ökologischen Fußabdruck zu reduzieren und weniger CO_2 zu produzieren. Wenn man jedoch gewillt ist, ein wenig um die Ecke zu denken, kann man es schaffen, ein System zu entwickeln, das mehr CO_2 aus der Luft herausfiltert, als es produziert.

SCHLUSSWORT

© Prostock-studio - stock.adobe.com

Indoor-Gärten sind ein Trend, der nicht so schnell verschwinden wird. Die Vorteile liegen auf der Hand. Indoor-Gärten sehen schön aus, verbessern das Raumklima und sorgen dafür, dass man immer frisches Gemüse, frische Kräuter und frischen Salat griffbereit hat. Sie verbessern das Leben, indem sie einen dazu bringen, häufiger gesund zu essen. Anstelle von fettigen Mahlzeiten werden dank des Indoor-Gartens immer häufiger gesunde Alternativen auf der Speisekarte stehen.

Entgegen vieler Meinungen eignen sich Indoor-Gärten für so gut wie jedermann. Alles beginnt mit der Entscheidung, etwas im eigenen Leben verändern zu wollen. Vielleicht sucht man nach einem neuen Hobby, womöglich möchte man gesünder leben oder man versucht beispielsweise seinen Kindern zu zeigen, wie einfach es ist, frisches Gemüse anzupflanzen. Egal was der Grund ist, er rechtfertigt fast immer den Aufbau des Indoor-Gartens. Wer wenig Zeit hat, greift zu Smart-

Gärten. Wer mehr Zeit hat, entscheidet sich für ein anderes System. Jedes System eignet sich für eine ganz spezielle Zielgruppe. Wer einen Indoor-Garten aufbauen möchte, sollte sich daher alle Arten von Indoor-Gärten anschauen und die richtige Art auswählen. Dieses Buch hat hoffentlich seinen Beitrag dazu geleistet. In diesem Buch haben wir gemeinsam viel über Indoor-Gärten gelernt und erfahren, wie man einen Indoor-Garten plant, aufbaut und pflegt. Wir haben uns damit beschäftigt, welche Pflanzen in einen Indoor-Garten gehören und welche Strategien man nutzen kann, um einen Indoor-Garten nachhaltiger zu gestalten.

Der erste Schritt fällt einem meist am schwersten. Man denkt für lange Zeit darüber nach, ob oder ob man nicht Geld in die Hand nehmen und einen Indoor-Garten kaufen sollte. Die Entscheidung zu treffen, starten zu wollen, ist der wichtigste Schritt auf dem Weg zum eigenen professionellen Indoor-Garten. Besonders am Anfang wird nicht alles rund laufen und an einigen Stellen werden einem Fehler unterlaufen. Das macht aber nichts. Keiner ist am Anfang perfekt. Am Anfang geht normalerweise immer etwas schief. Damit entspannt umzugehen ist das A und O. Schließlich ist ein Indoor-Garten kein Beruf, sondern ein Hobby. Es sollte einem selbst Freude bereiten, täglich den Indoor-Garten zu warten und den Fortschritt mitzuerleben.

Besonders am Anfang kann es sich übrigens lohnen, mit anderen Hobbygärtnern in Kontakt zu treten, die bereits einen Indoor-Garten besitzen. Diese können einem hilfreiche Tipps mit an die Hand geben, die dabei helfen Kosten und Mühen zu reduzieren. Zudem gewinnt man oftmals neue Freunde, die ein gemeinsames Interesse mit einem teilen.

Ich hoffe sehr, dass dir dieses Buch eine Schritt-für-Schritt-Anleitung mit an die Hand gegeben hat, der du folgen kannst. Einen Indoor-Garten aufzubauen ist definitiv nicht leicht. Die ersten Tomaten oder den ersten Koriander zu ernten und zu verspeisen lässt jedoch all die Anstrengungen verblassen. Einen Indoor-Garten zu führen bedeutet nämlich vor allen Dingen auch Verantwortung für die eigenen Pflanzen zu übernehmen. Man möchte die Pflanzen nicht sterben sehen und freut sich umso mehr, wenn sie prächtig wachsen.

Die meisten beginnen klein mit nur einem Indoor-Garten. Viele Menschen wollen es jedoch dabei nicht belassen und beginnen damit Jahr für Jahr mehr Gemüsesorten anzupflanzen und neue Konstruktionen zu errichten. Ein Hobby kann dadurch schnell zur Leidenschaft und dann zur Lebensaufgabe werden. Wie viel Arbeit man in einen Indoor-Garten investiert, ist einem jedoch selbst überlassen.

Wer sich nicht traut, direkt groß zu starten, kann auch mit nur einem einzigen Blumenkübel auf dem Balkon beginnen. Mehr braucht es nicht, um das erste Mini-Hochbeet aufzubauen und die ersten Pflanzen anzubauen.

Hier ist noch ein abschließender Tipp: Suche dir einen Grund, warum du einen Indoor-Garten aufbauen möchtest. Wolltest du schon immer einmal exotische Kräuter anbauen? Ist es dein Ziel, jeden Morgen einen gesunden Smoothie zu trinken oder möchtest du einfach mehr Kontakt zur Natur haben? Eine persönliche Motivation für den Aufbau eines Indoor-Gartens zu haben, kann einem dabei helfen, mehr Freude und mehr Elan bei der Arbeit am Garten zu entwickeln.

Nun sind wir am Ende von diesem Buch angekommen. Ich hoffe sehr, dass dieses Buch dir einen Überblick über das Thema Indoor-Gärten,

Nachhaltigkeit, Mini-Hochbeete und Gewächshäuser gegeben hat. Mit jedem Garten, den man aufbaut, trägt man seinen Teil zu einer besseren Umwelt bei. Ich hoffe sehr, dass mehr Leute, die einen Indoor-Garten aufbauen, auf nachhaltige Produkte und nachhaltige Anbaumethoden setzen. Jeder kann mit seinem Indoor-Garten einen kleinen Beitrag zur Welt leisten.

Lies dieses Buch ruhig noch ein zweites Mal. Beim ersten Mal überliest man gerne einige Informationen. Gerade beim Aufbau eines Indoor-Gartens, eines Smart-Gartens oder eines Mini-Hochbeets sollte jedes Detail stimmen. Egal welche Art von Indoor-Garten du aufbaust, ich hoffe, dass dir dieses Buch eine Einführung in all diese Themen gegeben hat und dir vielleicht auch zukünftig im Gedächtnis bleibt, wenn du die ersten Früchte deiner Arbeit erntest.

Dies ist zwar das Ende vom Buch, gleichzeitig ist es jedoch auch der Anfang von hoffentlich vielen Indoor-Gärten. Nun gilt es die Entscheidung zu treffen, zu starten. Es müssen Baupläne angelegt und die ersten Materialien eingekauft werden. Dabei wünsche ich dir zum Abschluss von diesem Buch viel Erfolg und viel Spaß!

Über den Autor

Vincent Growspact ist ein deutscher Schriftsteller, Experte auf dem Gebiet der Indoor-Gärten und Gründer des Growspact Blogs. Neben seiner Fähigkeit, komplexe Sachverhalte einfach zu erklären, zeichnen sich seine Bücher durch Praxisnähe und Detailreichtum aus. Themen wie Nachhaltigkeit, umweltbewusste Lebensweisen und Klimaschutz sind für ihn von größter Bedeutung. Sein Engagement in diesem Bereich und seine Leidenschaft für das Schreiben führten letztendlich dazu, dass er sich dafür entschied, dieses Buch zu schreiben.

Weitere Informationen zum Thema Indoor-Garten und nützliche Blogbeiträge finden Sie unter www.growspact.de.